世界一わかりやすい！

二階堂重人

ＦＸチャート実践帳

40の
練習問題と
詳しい解説
つき

スイングトレード編

あさ出版

はじめに

　本書を手に取った方はFXに興味があることでしょう。

　FXは簡単に始めることができます。

　また、少ない資金でも大きな金額の取引をすることができます。大きな金額の取引ですから、うまくいくと短期間で資金が大きく増えます。

　この、簡単で、少ない資金で、短期間で大きく儲けられる、がFXの魅力です。

　しかし、「簡単に始められる＝簡単に儲けられる」ではありません。また、少ない資金に対して大きな金額の取引をするわけですから、うまくいかないと短期間で資金が大きく減ってしまいます。場合によっては資金がなくなり、さらにFXの取引会社に借金ができてしまうこともあります。

　FXをするにはトレードスキルをマスターしてからにするべきです。

　本書はFXスイングトレードのエントリーパターンについて書いた本です。

　過去に『世界一わかりやすい！ FXチャート実践帳〈スキャルピング編〉』という本を出しました。

　この本は今もなお、重版を重ねています。

　おそらく、（出版当時）取り入れているトレーダーが少なかった「マルチタイムフレーム分析（MTF分析）による環境認識」が評価されたからだと思います。

　簡単に説明すると、「上位足チャートで相場状況を分析し、下位足チャートでエントリーのタイミングを見つける」というものです。上位足とは基準になるローソク足よりも区切り時間が長いローソク足の

こと、下位足とは基準になるローソク足よりも区切り時間が短いローソク足のことです。出版当時は、まだ、「上位足」や「下位足」という言葉が使われていませんでした。

本書はこの評価された部分をさらに進化させて、スイングトレード用に改良したものを紹介します。

紹介するエントリーパターンは2つ。

演習問題を解いていく形でマスターしていただきます。

私自身は、演習問題を解いてトレードスキルをマスターしたわけではありません。

そのかわり、数多くのチャートを見ました。何百時間もかけて、ものすごい数のチャートを見てきました。

どういった形になればレートが上がりやすいのか。

どういった形になればレートが下がりやすいのか。

何か共通するパターンはないか。

といったことを意識しながら、チャートを見てきたわけです。

そして、エントリーパターンができてからは、「どこでエントリーの条件をクリアするのか」をひたすら見てきました。

その結果、トレードスキルをマスターし、稼げるようになったわけです。

読者の方も数多くのチャートを見ることでトレードスキルが上達するはずです。手始めに、本書の演習問題を解いてみてください。

そして、本書を通してFXスイングトレードのスキルをマスターしましょう。

二階堂重人

Chapter **1**
スイングトレードを始めよう!

Chapter **2**
スイングトレードで使うチャート

Chapter **3**
MTF高値切り下げライン・安値切り上げライン手法の解説

Chapter **4**
スイングトレードの基礎力をつける10問

Chapter **5**
スイングトレードの応用力をつける10問

Chapter **6**
スイングトレードの勝率を上げる判断力が身につく5問

Chapter 7
ロスカットで資産を守る

Chapter 8
ロスカットのスキルが身につく5問

Chapter 9
MTF200MA 反転手法

Chapter **10**
リスクを抑えたスイングトレードのスキルが身につく10問

編集協力／野口英明
本文デザイン・DTP制作／久保洋子

Chapter 1

スイングトレードを
始めよう！

FXのスイングトレードとは?

FXとは?

　本書では、FXスイングトレードのエントリーパターンを紹介します。
まずは、FXとスイングトレードについて、簡単に説明しておきましょう。
すでにわかっている方も、確認の意味を込めて読んでください。

　FXとは、外国為替証拠金取引のこと。Foreign Exchange＝外国為替の略に
由来しているそうです。
　簡単にいうと、証拠金を取引業者に預託し、差金決済（差金決済取引）に
よる通貨の売買をおこなう取引です。
　たとえば、100万円の資金を証拠金として取引業者に預け、通貨のトレー
ドをします。
　差金決済とは、有価証券の受渡しをおこなわずに、売買価格差などに相当
する金銭の授受のみにより差金を決済する取引のこと。
　実際には、通貨を引き受けず、レートの価格差で金銭のやり取りがおこな
われるわけです。

スイングトレードとは?

　次は、スイングトレードについて説明します。
　スイングトレードとは、2〜10日程度で売買を完結させるトレードのこと
です。
　たとえば、ロングのポジションを持ったら、2〜10日程度で決済します。
ショートの場合も同じ。ショートのポジションを持ったら、2〜10日程度で

決済します。

　基本的には、数ヵ月間、ポジションを持ち続けたりはしません。

　ほかに短いスパンのトレードしては、デイトレードとスキャルピングがあります。

- スイングトレード ……… 2〜10日程度で売買を完結させるトレードのこと。
- デイトレード ……… 1日のうちで売買を完結させるトレードのこと。
- スキャルピング ……… わずかな利益を狙うトレードのこと。

　デイトレードとは、1日のうちで売買を完結させるトレードのことです。

　たとえば、ロングのポジションを持ったら、その日のうちに決済します。ショートの場合も同じ。ショートのポジションを持ったら、その日のうちに決済します。

　基本的には、翌日にポジションを持ち越しません。

　スキャルピングとは、トレードのスパンは関係ありません。狙う値幅がポイント。わずかな利益を狙うトレードのこと。

　どのくらいの値幅かという定義は曖昧です。

　また、トレーダーによって、狙う値幅も違います。1pipを狙うトレーダーもいれば、10pipsを狙うトレーダーもいます。

　狙う値幅が小さい（狭い）ため、結果として、トレードのスパンが短くなることが多いのです。

　そのため、スキャルピングがスパンの短いトレードのイメージになっています。

　本書で紹介する手法は、スイングトレードなので、基本的には2〜10日程度で利益を狙います。

　ただ、値動きによっては、数分で決済することもあります。その場合、結果として、デイトレードになるわけです。

　「絶対に2〜10日のトレード」というわけではないので、注意してください。

空いている時間にFXで稼ぐ

FXの取引時間について

　FXの特徴はいくつかあるのですが、その1つは「取引できる時間が長い」ことです。

　株トレードの場合、基本的には証券取引所が開いている以下の時間帯しかトレードをできません。

- ●前場 ……… 9〜11時30分
- ●後場 ……… 12時30〜15時

「株式市場が開いている時間は仕事をしているため、トレードができない」という人が多いことでしょう。

　この時間帯以外でもPTS（私設取引システム）で取引ができますが、流動性が低いため、トレードがやりにくいといえます。

　私自身、PTSでトレードするのは、年に1、2回です。

　FXの場合、基本的には以下の時間帯に取引ができます。

- ●月曜日7時から土曜日7時まで（日本時間）
  ※米国夏時間適用期間は月曜日6時から土曜日6時まで。

　たとえば、17時まで会社で仕事をし、18時に帰宅したとします。この時間から就寝までの時間にトレードをすることができます。

　また、主婦の方が家事の合間にトレードをすることもできます。

　このように、FXは空いている時間をうまく活用して資産を増やせるわけです。

1-3
FXの取引会社について

国内業者と海外業者ではどちらがいいのか？

次は、FXの取引会社について説明します。

FXは取引会社に口座を開設し、証拠金を預けておこないます。

取引会社は、大きく2つに分けることができます。

- 国内業者
- 国外業者

それぞれ、いくつかの違いがあります。

それらをよく理解したうえで、自分に合ったほうを選択しましょう。

- 国内業者の主な特徴
  - 特定口座を開設できる
  - スプレッドが狭い
  - レバレッジが最大で25倍
  - 口座の残高がマイナスになる可能性がある

- 海外業者の主な特徴
  - 特定口座を開設できない
  - スプレッドが広い
  - レバレッジが大きい
  - ゼロカットの業者なら残高がマイナスになる可能性がない

国内業者と海外業者とでは、特定口座の違いがあります。

特定口座とは、証券会社が損益の計算を行い、「特定口座年間取引報告書」を交付する制度です。「源泉徴収あり」か「源泉徴収なし」のいずれかを選択

します。

　国内業者の特定口座で「源泉徴収あり」を選択すれば、確定申告の必要はありません。

　また、トレードによって利益が出た場合、所得税は利益の20パーセントで済みます。

　逆に、トレードによって損失が出た場合、「譲渡損失の繰越控除」を使うことができます。「譲渡損失の繰越控除」とは、損失額を翌年以降3年間持ち越して、株の売却益や配当所得と相殺できる制度です。

　海外業者の場合、損益を計算して確定申告をする必要があります。

　トレードによって利益が出た場合、所得税は「雑所得」となり、利益の額しだいではかなりの税額になってしまう可能性があります。

　また、逆に、トレードによって損失が出た場合、「譲渡損失の繰越控除」を使うことができません。

「スプレッド」についても、国内業者と海外業者とでは違います。

　スプレッドとは、「売値と買値の差」のこと。

　たとえば、ドル円の場合、「買値（Ask）110.255円 売値（Bid）110.253円」であれば、買う場合は110.255円で、売る場合は110.253円になります。

　売値と買値の差額は「0.002円」。この「0.002円」の差額がスプレッドです。

　スプレッドは「トレードのコスト」と考えてよいでしょう。

　そのため、スプレッドが狭いほどよいわけです。

　国内業者の場合、スプレッドは狭い。ドル円であれば、「0.1銭」という業者も数社あります。

　海外業者の場合、スプレッドはけっこう広いです。ドル円であれば、「1銭」という業者も数社あります。

「レバレッジ」についても、国内業者と海外業者とでは違います。

　レバレッジとは「てこの原理」のことです。証拠金として預けた資金の何倍もの金額の取引が可能になります。

　国内業者の場合、レバレッジは最大で25倍です（個人口座の場合）。

　海外業者の場合、レバレッジは最大で数百倍というところもあります。

　国内業者と海外業者とでは「口座の残高がマイナスになる、ならない」といった違いもあります。

　国内業者の場合、証拠金を上回る損失が発生した場合、それを業者に支払うことになります。支払うお金がなく、「借金が残った」「損失の返済について業者と交渉中」といった書き込みをブログやツイッターで見たことがあります。

　海外業者の場合、「ゼロ口座」といって、証拠金を上回る損失が発生した場合、それを業者に支払う必要がありません。そのため、安心してポジションを持つことができます。

　以上が、国内業者と海外業者の主な違いです。

　よく理解したうえで、自分に合ったほうを選択しましょう。

1-4
リスクが大きいトレードをしない

FXのリスクをよく理解してからトレードを始める

　FXは簡単に始められますが、簡単に稼げるわけではありません。また、トレードをすれば、必ず稼げるというわけでもありません。損をすることもあるわけです。場合によっては、口座に入れた資金のほとんどがなくなってしまいます。

　そのため、リスクが大きいトレードをしないようにしましょう。

　　①初めから大きなポジションでトレードをしない
　　②高いレバレッジでトレードしない
　　③含み損が出たポジションをそのままにしない

初めから大きなポジションでトレードをしない

　FX を始めて、すぐに継続して稼げるようになる人は少ないでしょう。ほとんどの人は、稼げない期間がしばらくの間、続きます。

　そのため、初めから大きなポジションでトレードをすると、あっという間に資金が大きく減ってしまいます。

　初めは小さなポジションから始めましょう。

　そして、トレードが上手になってきたら、少しずつポジションを大きくしていきましょう。

高いレバレッジでトレードしない

　これは「初めから大きなポジションでトレードをしない」と重なる部分があります。

　先にも述べた通り、高いレバレッジを効かせてトレードをすると、レートが思惑と逆に動いてしまったときに、あっという間に大きな含み損が発生してしまいます。レートが変動幅によっては、「追証」が発生します。追証とは、追加証拠金のこと。含み損によって、証拠金が不足してしまい、追加の証拠金を求められることです。証拠金を入金できなければ、ポジションは強制的に決済されてしまいます。

　また、高いレバレッジを効かせてトレードをしているときにレートが急激に変動した場合、証拠金よりも多い損失額が出てしまうことがあります。この場合、不足分を取引業者に支払わなければなりません。

　こういったことにならないためにも、高いレバレッジを効かせてトレードをしないようにしましょう。

含み損が出たポジションをそのままにしない

　トレードでは毎回利益が出るわけではありません。レートが思惑とは逆に動いてしまい、損失が出るときもあるわけです。

　含み損が出ているポジションをそのままにしておくと、その含み損がどんどん大きくなってしまうことがあります。

　含み損が出てしまったときの対処法については、Chapter7で詳しく説明します。

Chapter

2

スイングトレードで
使うチャート

2-1
移動平均線とボリンジャーバンドを使う

本書で使うテクニカル手法について

Chapter2では、本書で紹介するエントリーパターンで使うテクニカル指標とチャートの設定について説明します。

まずは、テクニカル指標のほうから説明していきましょう。

本書では、2つのエントリーパターンを紹介しますが、そのどちらにも以下のテクニカル指標を使います。

- ●移動平均線
- ●ボリンジャーバンド

この2つだけです。どちらもテクニカル指標のなかでは有名な指標なので、すでに使っている方も多いことでしょう。

「知らない」という初心者の方もいると思いますので、簡単に説明しておきます。

移動平均線とは？

移動平均線とは、一定期間のレートの平均値をつないだ線のことです。

次ページのチャート上にある曲線が移動平均線です。

移動平均線には3つの種類があります。

①単純移動平均線（SMA または MA）

②加重移動平均線（WMA）

③指数平滑移動平均線（EMA）

単純移動平均線とは、一定期間のレートを対象にして平均値を算出し、それをつないだ線です。一般的には終値をもとに算出します。移動平均線の中

では最も多く使われています。

　加重移動平均線とは、レートの重みを過去に向けて順次小さくした移動平均線です。

　指数平滑移動平均線とは、直近のレートの比重を重くした移動平均線です。単純移動平均線や加重移動平均線より、レート変化をより早く反映させます。単純移動平均線の次に多く使われています。

　FXトレーダーには①と③の移動平均を使っている人が多いです。

　本書では、最もシンプルで最も多く使われている単純移動平均線を使います。

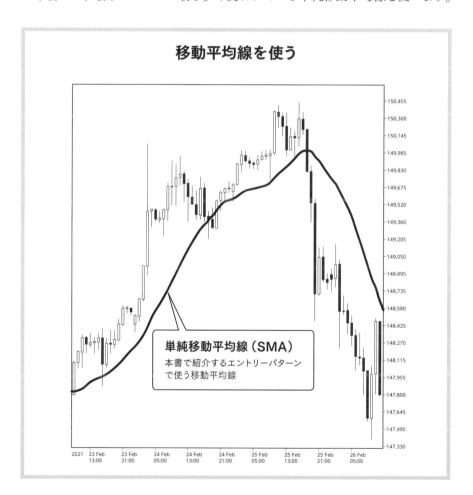

移動平均線を使う

単純移動平均線（SMA）
本書で紹介するエントリーパターン
で使う移動平均線

ボリンジャーバンドとは？

　次は、ボリンジャーバンドについて説明します。

　ボリンジャーバンドとは、米国のジョン・ボリンジャー氏が考案したテクニカル指標です。移動平均線とその上下に値動きの幅を示す線を加えた指標です。

　まずは、ボリンジャーバンドの見方を説明します。

　次ページのチャートを見てください。曲線がボリンジャーバンドです。

　　　1番上のライン ………………………………「＋2σ（プラス2シグマ）」

　　　上から2番目のライン ………………………「＋1σ（プラス1シグマ）」

　　　上から3番目（真ん中）のライン …… 移動平均線

　　　上から4番目のライン ………………………「－1σ（マイナス1シグマ）」

　　　上から5番目（一番下）のライン …… 「－2σ（マイナス2シグマ）」

　移動平均線を中心に、上下2本ずつのバンド（曲線）が表示されているわけです。

　以上が本書のエントリーパターンで使うテクニカル指標です。

　次の項目では、これらのテクニカル指標をどのようにして使うのかを説明します。

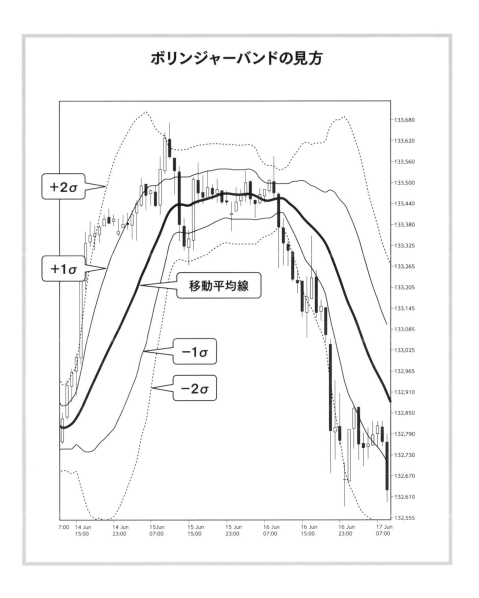

ボリンジャーバンドの見方

移動平均線の使い方

移動平均線はトレンド分析に使う

次は、移動平均線の使い方について説明します。

移動平均線はレートのトレンド分析に使うテクニカル指標です。レートの流れや傾向を捉えるために使うテクニカル指標と考えてもいいでしょう。

たとえば、以下のようにレートの傾向を捉えます。

- **●移動平均線が上向き** ……… レートは上昇傾向
- **●移動平均線が下向き** ……… レートは下降傾向

実際のチャートで見てみましょう。

次ページのチャートのAのところを見てください。移動平均線が上向きです。ここは上昇傾向と捉えることができます。Bのところでは移動平均線が下向きです。ここは下降傾向と捉えることができます。

傾向の見極め方をもう1つあげましょう。

- **●レートが移動平均線の上で推移している** ……… レートは上昇傾向
- **●レートが移動平均線の下で推移している** ……… レートは下降傾向

これも実際のチャートで見てみましょう。

次ページのチャートのAのところではレートが移動平均線の上で推移しています。ここは上昇傾向と捉えることができます。Bのところではレートが移動平均線の下で推移しています。ここは下降傾向と捉えることができます。「移動平均線の向き」「移動平均線とレートの位置関係」「移動平均線に対するレートの動き」などから、レートの傾向を捉えることができます。

エントリータイミングの見極めに使う

また、移動平均線はエントリータイミングの見極めに使うこともできます。
たとえば、以下のようにエントリータイミングを見極めます。

- **レートが移動平均線を下から上に抜けた**
  ……… ロングのエントリータイミング
- **レートが移動平均線を上から下に抜けた**
  ……… ショートのエントリータイミング

あくまでも、これは例です。この根拠だけでエントリーするには、リスク
が大きすぎます。他の根拠と併せて使ったほうがいいでしょう。

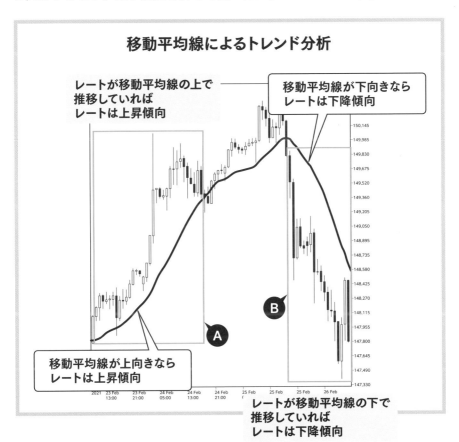

ボリンジャーバンドを使った
テクニカル分析法

ボリンジャーバンドで何がわかるのか？

　次は、ボリンジャーバンドの使い方について説明します。

　ボリンジャーバンドは移動平均線をもとに作られたテクニカル指標なので、移動平均線と同様に「レートのトレンド分析に使うテクニカル指標」と考えていいでしょう。

　ボリンジャーバンドを使うと以下のことがわかります。

　　①トレンド
　　②値動きの強さや勢い
　　③ボラティリティ（Volatility）

　ボリンジャーバンドをチャートに表示させておくと、一目見ただけでトレンドを簡単に把握することができます。

　レートとバンドの位置関係を見れば、初心者の方でもわかりです。

　　●**レートが＋1σの上で、上に伸びている** ················· 上昇トレンド
　　●**レートが－1σの下で、下に伸びている** ················· 下降トレンド
　　●**レートがセンターバンドの近辺で推移している** ········ レンジ

　概ね、このように捉えてよいでしょう。

　実際のチャートを使って見てみましょう。

　Aのところを見てください。レートは＋1σの上で、上に伸びています。ここは「上昇トレンド」と捉えてよいでしょう。

　次にBのところを見てください。レートはセンターバンドの近辺で推移しています。ここは「レンジ」と捉えてよいでしょう。

　次にCのところを見てください。レートは-1σの下で、下に伸びています。ここは「下降トレンド」と捉えてよいでしょう。

　このように、レートとバンドの位置関係を見れば、トレンドを簡単に見極

めることができます。

　ボリンジャーバンドを使うと、「値動きの強さや勢い」もわかります。

　たとえば、以下のように「値動きの強さや勢い」を捉えます。

- **●レートがボリンジャーバンドの＋2σを上抜ける**

　　……上昇の動きが強い。上昇の勢いがある

- **●レートがボリンジャーバンドの－2σを下抜ける**

　　……下落の動きが強い。下落の勢いがある

　これも実際のチャートで見てみましょう。

　下のチャートのDのところを見てください。レートがボリンジャーバンドの＋2σを上抜けています。ここは「上昇の動きが強い。上昇の勢いがある」といえます。

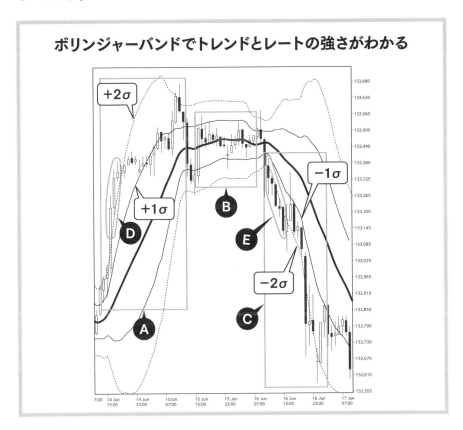

ボリンジャーバンドでトレンドとレートの強さがわかる

次に、同じチャートのEのところを見てください。レートがボリンジャーバンドの−2σを下抜けています。ここは「下落の動きが強い。下落の勢いがある」といえます。

このように、レートとバンドの位置関係を見れば、「値動きの強さや勢い」を見極めることができます。

ボリンジャーバンドを使うと、「ボラティリティ」もわかります。

ボラティリティとは、値動きの大きさや変動率のことです。

- **●ボラティリティが高い**
  ……… 値動きが大きい。レートの変動率が大きい
- **●ボラティリティが低い**
  ……… 値動きが小さい。レートの変動率が小さい

ボリンジャーバンドでは、「バンドの幅」を見ることで、ボラティリティを把握することができます。

たとえば、以下のようにレートの傾向を捉えます。

- **●ボリンジャーバンドの上下のバンドの幅が広がっている**
  ……… ボラティリティが高い
- **●ボリンジャーバンドの上下のバンドの幅が狭くなっている**
  ……… ボラティリティが低い

次ページのチャートのFのところを見てください。上下のバンドの幅（+2σと−2σの間隔）が広がっています。ここは「ボラティリティが高い」といえます。

次に、Gのところを見てください。上下のバンドの幅が狭くなっています。ここは「ボラティリティが低い」といえます。

このように、バンドの幅を見れば、「ボラティリティを見極めることができるわけです。

以上が、ボリンジャーバンドを使った、基本的なテクニカル分析法です。

ボリンジャーバンドを使う

本書で紹介するエントリーパターンでは、ボリンジャーバンドを使います。

　では具体的に、ボリンジャーバンドをどのように使うのでしょうか。

　これは、「トレンドの見極め」と「動きの強さの見極め」に使います。

　先にも述べた通り、ボリンジャーバンドをチャートに表示させておくと、一目見ただけでトレンドを簡単に把握することができます。

　トレンドが出ていることを把握し、そのトレンドに乗るようなトレードをします。

　また、ボリンジャーバンド見ることで値動きの強さもすぐにわかるため、強いところからの押しや戻りを狙っていきます。

　詳しくはこのあとのエントリーパターンのところで説明します。

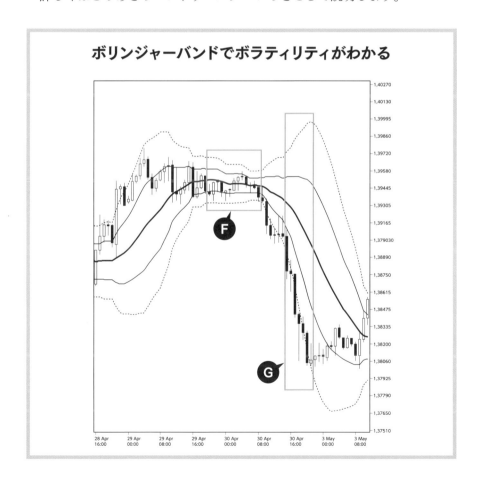

ボリンジャーバンドでボラティリティがわかる

2-4

チャートはMT4を使う

無料で使えるチャートツール

次は、本書の手法で使うチャートの設定について説明します。

使うチャートは、「1時間足チャート」「4時間足チャート」です。

1時間足チャートと4時間足チャートは、FX会社で口座を開設すれば、無料で見ることができます。ほとんどの方が、すでに使っていることでしょう。

ただ、本書の手法では「メタトレーダー4（以下、MT4と表記します）」というチャートを使ってください。

MT4とは、ロシアのMetaQuotes社が開発・提供している取引システムです。世界中で多くのトレーダーが利用しています。

主な特徴は以下の通りです。

1. 無料で利用できる

2. カスタマイズしやすい

3. さまざまなテクニカル指標を表示させることができる

4. EAを使うことができる

MT4の1つ目の特徴は、基本的に無料で利用できるということです。パソコンにソフトをダウンロードして使います。

2つ目の特徴は、カスタマイズしやすいということです。チャートの背景やローソク足の色を変えたり、複数のチャートを1つの画面に並べたりできます。

3つ目の特徴は、さまざまなテクニカル指標を表示させることができるということです。

移動平均線、ボリンジャーバンド、MACD、ストキャスティクス、RSIなどのメジャーなテクニカル指標はもちろん、誰が開発したのかわからないようなテクニカル指標も表示させることができます。

　テクニカル指標はインディケーターを導入することで表示できます。イン
ディケーターのほとんどは無料です。
　4つ目の特徴は、EAを使うことができます。EAとはエキスパート・アド
バイザーのこと。MT4で使えるFXの自動売買ソフトのことです。本書の手
法ではEAを使いません。
　以上がMT4の主な特徴です。このような高性能チャートを無料で利用でき
るのは大変ありがたいことです。
　パソコンへのインストール方法はネット上のさまざまなサイトで説明され
ています。私の公式サイト（プロフィール欄にURLを記載）でも説明してい
ます。

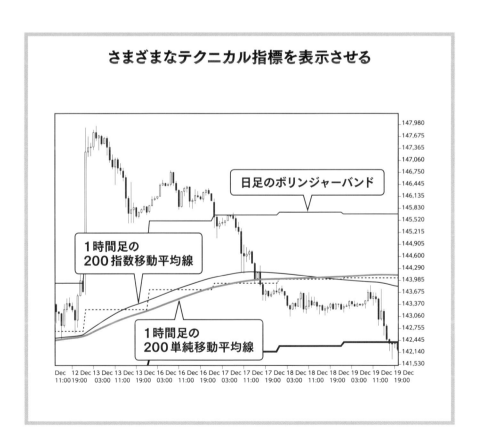

さまざまなテクニカル指標を表示させる

アカウントについて

MT4を使うにはアカウントが必要です。

アカウントは以下の2つがあります。

- リアル口座のアカウント
- デモ口座のアカウント

リアル口座のアカウントは、MT4を提供しているFX取引業者に口座を開設すると利用できます。

デモ口座のアカウントは、FX取引業者に口座を開設しなくても利用できます（※業者によってMT4はデモ口座を開設しないと利用できません）。

どちらのアカウントでもいいのですが、デモ口座のアカウントは利用できなくなることもあるので、できれば、リアル口座のアカウントを利用しましょう。はじめはデモ口座のアカウントを利用し、あとからリアル口座のアカウントに切り替えてもいいでしょう。

Chapter

3

MTF
高値切り下げライン・
安値切り上げライン手法
の解説

4時間足か1時間足に
日足のボリンジャーバンドを表示させる

■ MT4の設定について

Chapter3では、本書で紹介する2つのエントリーパターンのうちの1つを紹介します。

とくに難しいというわけではありません。しっかり読んでいただければ、初心者の方でも理解できると思います。

先に、チャートの設定について説明します。

使うチャートは、4時間足チャートか1時間足チャートです。どちらか一方だけを使ってもかまいませんし、両方を使ってもかまいません。できれば、両方を使ったほうがいいでしょう。そのほうがエントリーのチャンスが増えるからです。

チャートは先に述べた通り、MT4を使います。

● **チャート設定**
  ・**時間軸** ……………… 4Hか1H
  ・**テクニカル指標** …… ボリンジャーバンド
  ・**インジケーター** …… MTFBans

時間軸は4H（4時間足チャート）か1H（1時間足チャート）を使います。このチャートにボリンジャーバンドを表示させます。

しかし、4時間足や1時間足のボリンジャーバンドではありません。日足チャートのボリンジャーバンドを表示させます。ここが普通のチャート設定とは違うので注意してください。

「MTFBans」の設定

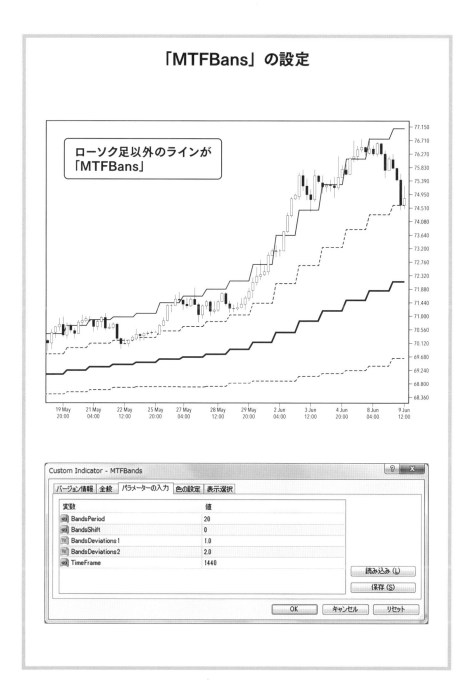

ローソク足以外のラインが
「MTFBans」

異なる時間軸のボリンジャーバンドを表示させられる インジケーター

　4時間足チャートや1時間足チャートに日足チャートのボリンジャーバンドを表示させるには、「MTFBans」というインジケーターが必要になります。「MTFBans」は表示している時間軸とは異なる時間軸のボリンジャーバンドを表示させられるインジケーターです。

　ダウンロード先については私の公式サイトで紹介しておきます。そちらを参考にしてください。

　「MTFBans」の設定は以下のとおりです。

- ・BandsPeriod ·············· 20
- ・BandsShift ················· 0
- ・BandsDeviations1 ······ 1.0
- ・BandsDeviations2 ······ 2.0
- ・TimeFrame ················ 1440

　日足（1440分足）の「ボリンジャーバンド期間20」の「±1σと±2σ」を表示させるわけです。

　4時間足チャートに日足チャートのボリンジャーバンドを表示させたのが、前ページのチャートです。

　これで、チャートの設定は終わりです。

3-2

日足ベースでトレンドが発生しているかどうかを見極める

日足ベースでのトレンドを見極める

　4時間足チャートや1時間足チャートに、異なる時間軸である日足チャートのボリンジャーバンドを表示させます。ここまでは理解できたと思います。

　これには理由があります。

　日足ベースでトレンドが発生しているかどうかを見極めたいからです。

　26ページで述べた通り、ボリンジャーバンドを使うと、トレンドを見極めることができます。

トレンドに乗ることがFXで勝つコツ

　FXのトレードで勝つコツはいくつかあるのですが、その1つが「トレンドに乗る」です。

　トレードは、トレンドが発生していないときよりも、トレンドが発生しているときのほうが簡単です。

　トレードは買値と売値の差額で利益を出します。そのため、レートが大きく動いていたほうが利益を出しやすいのです。エントリーしてもレートが動かなければ、利益を出すことができません。

　また、トレンドが発生している状態では、レートの進む方向がはっきりしているので、エントリーする方向を決めやすいといえます。

　上昇トレンドであればロングでエントリー、下降トレンドであればショートでエントリー。

　このように、簡単に決めることができるわけです。

しかし、トレンドが発生していない状態では、レートの進む方向がよくわからないので、ロングとショートのどちらでエントリーすればよいのかを決めるのが難しいといえます。

　こういったことからも、トレンドに乗るトレードをしたほうがいいわけです。

3-3

日足チャートのトレンドに乗る理由

より長い時間軸のほうがレートの流れに影響力がある

　ではなぜ、4時間足チャートや1時間足チャートのトレンドではなく、日足チャートのトレンドに乗るのでしょうか。4時間足チャートや1時間足チャートのトレンドを見極めて、それに乗ればよいのではないか。

　こういった疑問が浮かんだ人もいることでしょう。

　もちろん、日足を選択するのにも理由があります。

「より長い時間軸のほうがレートの流れに影響力があるから」です。

　たとえば、日足チャートのホリゾンタルライン（水平ライン）ではレートがよく反応しますが、5分足チャートや1分足チャートのホリゾンタルラインでは反応しないこともよくあります。

　このように、より長い時間軸のチャートのほうがレートの流れに影響を及ぼす確率が高くなります。

　そのため、時間軸の長いチャートでの環境認識をし、相場状況をしっかり把握することが重要なのです。

見ている人の数がレートに影響する

　ではなぜ、時間軸の長いチャートはレートの流れに影響を及ぼす確率が高いのでしょうか。

　これは単純に「見ている人の数が多いから」だと思います。

　週足チャートや日足チャートを見ている人はたくさんいます。とくに、日足チャートはFXトレードをしている人のほとんどが見ているはずです。

　5分足チャートや1分足チャートを見ている人もいますが、週足チャートや

日足チャートを見ている人に比べると少ないはずです。5分足チャートや1分足チャートを見ているのは、デイトレーダーくらいです。

　このことから、週足チャートや日足チャートのチャートポイントを把握している人はたくさんいるので意識されやすいが、5分足チャートや1分足チャートのチャートポイントを把握している人は少ないので意識されにくいといえます。

　意識している人が多ければ、そこでなんらかの値動きがある確率が高くなります。意識している人が少なければ、そこでなんらかの値動きがある確率が低くなります。

　だから、時間軸の長いチャートのほうがレートの流れに影響を及ぼす確率が高くなるわけです。

　このようなことから、日足チャートのトレンドを見極めて、それに乗るわけです。

3-4

4時間足や1時間足で
エントリーのタイミングを見極める

4時間足や1時間足を使う理由

「日足チャートのトレンドを見極めて、それに乗る」ということまでは理解できたと思います。

では、4時間足チャートや1時間足チャートは何に使うのでしょうか。 日足チャートのトレンドを見極めて、それに乗るのであれば、わざわざ、4時間足チャートや1時間足チャートを使う必要がないのではないか。

こういった疑問が浮かんだ人もいることでしょう。

答えを先に書いてしまうと、4時間足チャートや1時間足チャートは、エントリーのタイミングを見極めるのに使います。

日足チャートのトレンドを見極めてそれに乗るのが目的なのですが、日足チャートでエントリーのタイミングを見極めようとすると、値動きが大きすぎて上手く見極められません。4時間足チャートや1時間足チャートを使うことで、日足よりも細かい動きを捉えることができるため、エントリーのタイミングを見極めやすいのです。

また、日足チャートの場合、1本のローソク足の値幅が大きいので、取るリスクも大きくなってしまいます。 日足に比べると、4時間や1時間は1本のローソク足の値幅が小さいので、取るリスクも小さくて済みます。

以上のことから、4時間足チャートや1時間足チャートは、エントリーのタイミングを見極めます。

日足のトレンドに戻るタイミングを狙う

日足のトレンドに戻る兆しを見極める

トレンドに乗れば利益を出しやすい。

このことは、多くのトレーダーがわかっていることです。

しかし、実際にやってみるとかなり難しいことです。どのタイミングでエントリーすればよいのか、なかなかわかりません。

たとえば、上昇トレンドといっても、レートが上がっているときもあれば、下がっているときもあります。一時的に横ばいのときもあります。

また、上がっているときも、さらに細かく見ると、一直線に上がっているときもあれば、細かな上げ下げを繰り返しながら上がっているときもあります。

トレンドに乗るといっても、さまざまな局面があるわけです。

本書では、「押しや戻りの後、日足のトレンドに戻る兆しがあったタイミング」を狙っていきます。押しとは上昇トレンド中の一時的な下げのこと。戻りとは下降トレンド中の一時的な上げのこと。

ここで注意しておきたいのは、「一時的かどうかは後になってみないとわからない」ということです。

たとえば、上昇トレンド中に下落してきたとします。この下落は一時的なものなのか、それとも継続的なものなのかは、後になってみないとわかりません。これは、下降トレンド中の上昇についてもいえることです。

そこで、「日足のトレンドに戻る兆し」を見極めてからエントリーするわけです。

もちろん、兆しがあったからといって、必ず日足のトレンドに戻るというわけではありません。それでも、兆しを見極めないよりかは、戻る確率が高くなります。

3-6

高値切り下げラインと
安値切り上げラインを使う

日足のトレンドに戻る兆しの見極め方

　では、どのようにして「日足のトレンドに戻る兆し」を見極めればよいの
でしょうか。

　兆しを見極める方法はいくつかあるのですが、ここで紹介する手法では、
「高値切り下げライン」と「安値切り上げライン」を使います。

　高値切り下げラインとは、複数のローソク足で高値を切り下げているとこ
ろに引いたラインのこと。

　45ページ上段の図を見てください。

　高値Aから引いたラインが高値切り下げラインです。

　高値Aをつけた後、高値Bと高値Cができました。AからB、BからCと、
徐々に高値を切り下げています。

　このように、複数のローソク足で高値を切り下げているところに引いたラ
インを高値切り下げラインといいます。

　安値切り上げラインとは、複数のローソク足で安値を切り上げているとこ
ろに引いたラインのこと。

　45ページ下段の図を見てください。

　安値Dから引いたラインが安値切り上げラインです。

　安値Dをつけた後、安値Eと安値Fができました。DからE、EからFと、
徐々に安値を切り上げています。

　このように、複数のローソク足で安値を切り上げているところに引いたラ
インを安値切り上げラインといいます。

下位足ではトレンドラインになっている

　先にも述べたとおり、高値切り下げラインは切り下がる複数の高値を結んだラインのことです。これを下位足チャートで見ると、下降トレンドラインになっていることが多いのです。

　たとえば、4時間足チャートで高値切り下げラインが引けたとします。その高値切り下げラインを形成している期間を5分足チャートで見ると、下降トレンドラインが引ける形になっているわけです。必ず下降トレンドラインになるとはかぎらないのですが、下降トレンドラインになることのほうが多いです。

　安値切り上げラインは切り上がる複数の安値を結んだラインのことです。これを下位足チャートで見ると、上昇トレンドラインになっていることが多いのです。

　たとえば、4時間足チャートで安値切り上げラインが引けたとします。その安値切り上げラインを形成している期間を5分足チャートで見ると、上昇トレンドラインが引ける形になっているわけです。必ず上昇トレンドラインになるとはかぎらないのですが、上昇トレンドラインになることのほうが多いです。

ラインを上に抜ければ上昇していく可能性が高い

「下降トレンドラインになっている」ということは、レートがそのラインを上に抜ければ、上昇していく可能性が高いということになります。

　下位足チャートでも上昇トレンドになる可能性が高い。

> 下位足チャートでレートが下降トレンドライン（上位足チャートの高値切り下げライン）を上に抜ける。

↓

> 下位足チャートで上昇トレンドになる可能性が高くなる。

↓

高値切り下げラインと安値切り上げライン

■ 高値切り下げライン

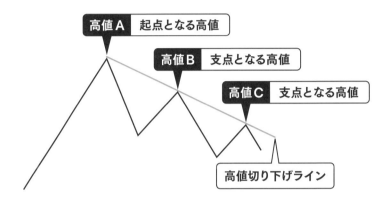

高値A　起点となる高値

高値B　支点となる高値

高値C　支点となる高値

高値切り下げライン

■ 安値切り上げライン

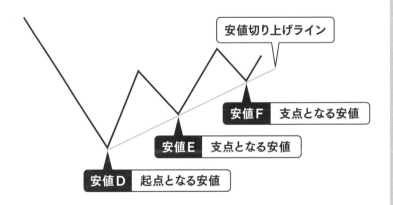

安値切り上げライン

安値F　支点となる安値

安値E　支点となる安値

安値D　起点となる安値

下位足チャートと上位足チャートのトレンドが同じ方向になる。

　このように、上位足チャートの高値切り下げラインである「下位足チャートの下降トレンドライン」を上に抜けると、上位足チャートと下位足チャートがどちらも上昇トレンドになる可能性が高くなります。同じ方向に揃うわけです。

　そうなると、上位足チャートを見ている人もロングでエントリーしたい、下位足チャートを見ている人もロングでエントリーしたい、ということになります。

　当然、トレードはロングのほうが有利になります。

　これは、安値切り上げラインにも同じことがいえます。

　上位足チャートの安値切り上げラインである「下位足チャートの上昇トレンドライン」を下に抜けると、上位足チャートと下位足チャートがどちらも下降トレンドになる可能性が高くなります。同じ方向に揃うわけです。

　そうなると、上位足チャートを見ている人もショートでエントリーしたい、下位足チャートを見ている人もショートでエントリーしたい、ということになります。

　当然、トレードはショートのほうが有利になります。

　この章で紹介するエントリーパターンでは、このポイントを狙っていきます。

3-7

高値切り下げライン・安値切り上げラインの引き方

　ここで高値切り下げラインと安値切り上げラインの引き方について簡単に説明しておきます。

　高値切り下げラインの場合は以下の手順で引きます。

　①レートが日足の＋2σを上抜ける
　②押しが入る（レートが下落する）
　③起点にできそうな高値を探す（最も高い高値またはその近くにあるローソク足の高値）
　④支点にできそうな高値を探す（起点となる高値の後にできた高値）
　⑤起点の高値と支点の高値を結んでラインを引く

　安値切り上げラインの場合は以下の手順で引きます。

　①レートが日足の－2σを下抜ける
　②戻りが入る（レートが上昇する）
　③起点にできそうな安値を探す（最も低い安値またはその近くにあるローソク足の安値）
　④支点にできそうな安値を探す（起点となる安値の後にできた安値）
　⑤起点の安値と支点の安値を結んでラインを引く

ラインを引くときのコツ

ラインを引くときのコツがいくつかあります。

　①無理に引かない
　②なるべく最も高い高値、最も低い安値から引く
　③起点と支点を結んだときに急勾配になるようなラインは引かない

④ なるべく多くの本数のローソク足でできたところに引く

　1つ目のコツは、「無理に引かない」です。切り下げライン切り上げラインというのは、より多くのトレーダーが同じ位置にラインを引くから、そこが意識されて機能するわけです。同じ位置に引いている人が少ないラインはあまり機能しません。より多くのトレーダーが引いているところに引くようにしましょう。

　できれば、パッと見で引けるところがいいでしょう。そういったところは他のトレーダーもパッと見で気づいているので、引いている人が多く、機能しやすいといえます。

　初心者でありがちなのが、無理やり引いてしまうことです。無理やり引いてもあまり意味がないので、注意してください。

　わからなかったり、迷ったりしたら、引かないほうがいいでしょう。

　2つ目のコツは、「なるべく最も高い高値、最も低い安値から引く」です。私の経験からですが、最も高い高値や最も低い安値から引いたラインは機能することが多いです。

　3つ目のコツは、「急勾配になるようなラインは引かない」です。急勾配のラインは機能しないことがあるので、引かないようにしましょう。

　4つ目のコツは、「なるべく多くの本数のローソク足でできたところに引く」です。2、3本のローソク足でできたところに引いたラインは、機能しないことが多い。多くのローソク足でできたところに引いたラインは機能することが多いです。そのため、少ない本数のところには無理に引かず、なるべく多い本数のところに引くようにしましょう。

3-8

トレード戦略のまとめ

▌トレード戦略をよく理解しておく

　ここまで、エントリーパターンに関わるトレード戦略のようなことを一気に説明してきました。初心者の方にとっては聞きなれない言葉もあったと思います。なぜこれを使うのか、ということを説明してきたつもりです。理解できたでしょうか。

　この後、本格的なエントリーパターンの説明に入ります。その前に、一度、整理しておきましょう。

> ●トレード戦略
> ①日足のトレンドに乗る
> ②日足のトレンドはボリンジャーバンドで見極める
> ③エントリーは「押し」や「戻り」から日足のトレンドに戻るタイミングを狙う
> ④4時間足チャート、または1時間チャートを使って、「日足のトレンドに戻る兆し」を捉える
> ⑤「日足のトレンドに戻る兆し」は、「高値切り下げライン」や「安値切り上げライン」で見極める

　初心者の方は、エントリーのタイミングの見極めにかかわる、「高値切り下げライン」と「安値切り上げライン」の形をしっかりと覚えておいてください。

ロング・エントリーの条件 まとめ

■ ロング・エントリーの条件は4つ

では、ロング・エントリーの条件をまとめます。

1時間足と4時間足、共通です。

ロングは以下の条件をすべてクリアしたら、エントリーします。

> 条件1 ……… ローソク足が日足のボリンジャーバンドの＋2σに上抜けする
> 条件2 ……… レートが下落する
> 条件3 ……… ローソク足で切り下げラインが引ける
> 条件4 ……… 終値が切り下げラインの上で確定する

条件1では、「上昇の勢い」を見極めます。日足のボリンジャーバンドの＋2σにタッチすれば、「上昇の勢いが強い」と捉えることができます。

条件2では、「適度な押しが入ったかどうか」を見極めます。

条件3では、「下位足レベルで下降トレンドラインができたかどうか」を見極めます。

条件4では、「日足レベルで発生している上昇トレンドに戻ったかどうか」を見極めます。

この4つ条件をすべてクリアしたら、次の足の始値でエントリーします。

もし、エントリーするときにスプレッドが拡大していたら、縮小するまで待ちましょう。

また、始値でエントリーできなかった場合、レートが大きく変動していなければ、エントリーしてもかまいません。

3-10
ショート・エントリーの条件 まとめ

ショート・エントリーの条件は４つ

次は、ショート・エントリーの条件をまとめます。

1時間足と4時間足、共通です。

考え方は前出の「ロング・エントリーの条件」と同じです。

ショートは以下の条件をすべてクリアしたら、エントリーします。

> 条件1 …… ローソク足が日足のボリンジャーバンドの−2σに下抜けする
> 条件2 …… レートが上昇する
> 条件3 …… ローソク足で切り上げラインが引ける
> 条件4 …… 終値が切り上げラインの下で確定する

条件1では、「下降の勢い」を見極めます。日足のボリンジャーバンドの−2σにタッチすれば、「下降の勢いが強い」と捉えることができます。

条件2では、「適度な戻りが入ったかどうか」を見極めます。

条件3では、「下位足レベルで上昇トレンドラインができたかどうか」を見極めます。

条件4では、「日足レベルで発生している下降トレンドに戻ったかどうか」を見極めます。

この4つ条件をすべてクリアしたら、次の足の始値でエントリーします。

3-11 【実例解説】
4時間足ロング・エントリー
豪ドル／円

■ ロング・エントリーの条件を 4時間足チャートで理解する

では、4時間足ロング・エントリーについて、実例を使って説明します。

下のチャートは、豪ドル／円の4時間足チャートです。

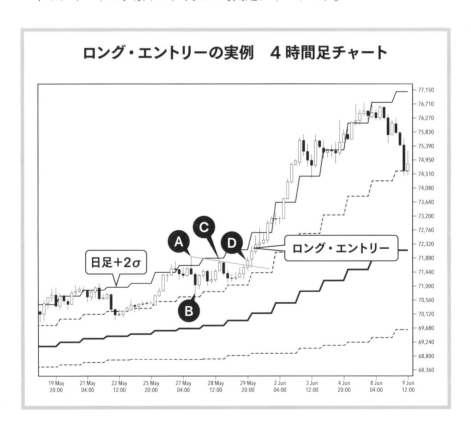

ロング・エントリーの実例　4時間足チャート

　Aのところを見てください。レートが日足のボリンジャーバンド＋2σを上抜けしています。「条件1」をクリアしました。

　次に、Bのところでレートが下落しています。「条件2」をクリア。

　次に、AとCの高値を結んで切り下げラインが引けます。「条件3」をクリア。

　最後に、Dのところで4時間足の終値が、切り下げラインの上で確定しました。「条件4」をクリア。

　これで、4つの条件をすべてクリアしました。次のローソク足の始値でエントリーします。

　　　●建値（ロング）……… 71.83円

　その後、レートは76.27円まで上昇しました。

4時間足ショート・エントリー
スイスフラン／円

ショート・エントリーの条件を 4時間足チャートで理解する

次は、4時間足ショート・エントリーについて、実例を使って説明します。
下のチャートは、スイスフラン／円の4時間足チャートです。

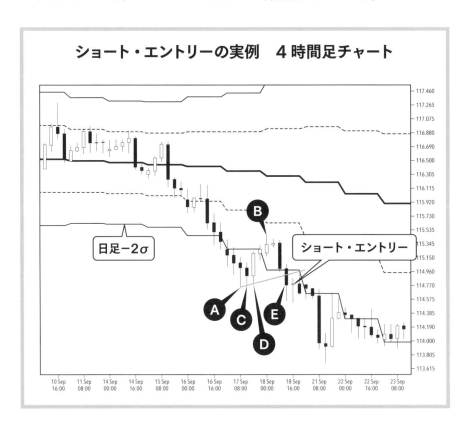

ショート・エントリーの実例　4時間足チャート

日足−2σ

ショート・エントリー

　Aのところを見てください。レートが日足のボリンジャーバンド−2σを下抜けしています。「条件1」をクリアしました。

　この後、レートが上がるのを待ちます。戻りを待つわけです。

　次に、Bのところを見てください。レートが上昇しています。「条件2」をクリア。

　この後、切り上げラインが引けるかどうかを見極めます。

　A、C、Dの安値を結んで切り上げラインが引けます。「条件3」をクリア。

　あとは、終値が切り上げラインを下抜けるかどうかです。

　Eのところで4時間足の終値が、切り上げラインの下で確定しました。「条件4」をクリア。

　これで、4つの条件をすべてクリアしました。次のローソク足の始値でショート・エントリーします。

　　●建値（ショート）⋯⋯⋯ 114.777円

　その後、レートは113.264円まで下落しました。

【実例解説】
1時間足ロング・エントリー
スイスフラン／円

ロング・エントリーの条件を 1時間足チャートで理解する

次は、ロング・エントリーについて、1時間足の実例を使って説明します。

下のチャートは、スイスフラン／円の1時間足チャートです。

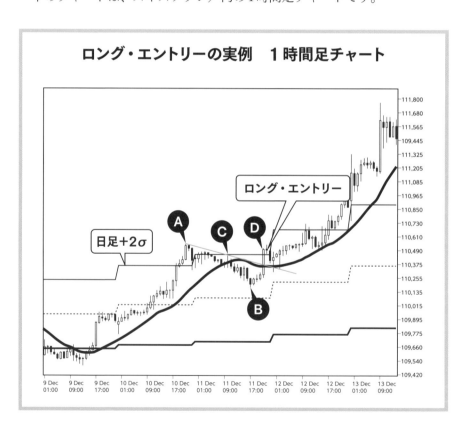

　Aのところを見てください。レートが日足のボリンジャーバンド＋2σを上抜けしています。「条件1」をクリアしました。

　この後、レートが下がるのを待ちます。押しを待つわけです。

　次に、Bのところを見てください。レートが下落しています。「条件2」をクリア。

　この後、切り下げラインが引けるかどうかを見極めます。

　AとCの高値を結んで切り下げラインが引けます。「条件3」をクリア。

　あとは、終値が切り下げラインを上抜けるかどうかです。

　Dのところで1時間足の終値が、切り下げラインの上で確定しました。「条件4」をクリア。

　これで、4つの条件をすべてクリアしました。次のローソク足の始値でエントリーします。

　　●建値（ロング）……110.502円

　その後、レートは111.765円まで上昇しました。

1時間足ショート・エントリー
ユーロ／円

ショート・エントリーの条件を
1時間足チャートで理解する

　次は、ショート・エントリーについて、1時間足の実例を使って説明します。

　下ページのチャートは、ユーロ／円の1時間足チャートです。

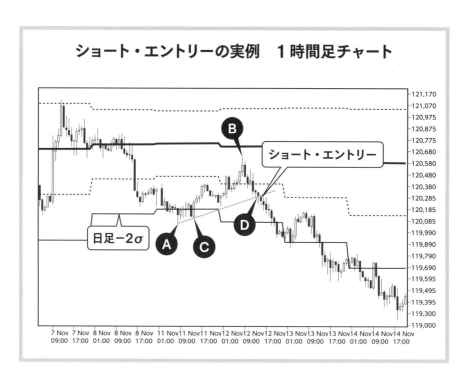

ショート・エントリーの実例　1時間足チャート

　Aのところを見てください。レートが日足のボリンジャーバンド−2σを下抜けしています。「条件1」をクリアしました。

　この後、レートが上がるのを待ちます。戻りを待つわけです。

　次に、Bのところを見てください。レートが上昇しています。「条件2」をクリア。

　この後、切り上げラインが引けるかどうかを見極めます。

　AとCの安値を結んで切り上げラインが引けます。「条件3」をクリア。

　あとは、終値が切り上げラインを下抜けるかどうかです。

　Dのところで1時間足の終値が、切り上げラインの下で確定しました。「条件4」をクリア。

　これで、4つの条件をすべてクリアしました。次のローソク足の始値でショート・エントリーします。

　　●建値（ショート）……120.289円

　その後、レートは119.246円まで下落しました。

3-15

トレンドの序盤と終盤に注意する

■ トレンドが続かない場合はロストカットする

本書で紹介しているエントリーパターンは、「日足のトレンドに乗る」というスタイルです。

日足が上昇トレンドであればロングでエントリーし、日足が下降トレンドであればショートでエントリーします。

いくつか注意しなければならないことがあるのですが、その1つは「トレンドが始まっていないことがある」ということです。

日足の±2σを抜けてエントリーの条件がすべてクリアしたとしても、日足でまだトレンドが始まっていないということがあります。

この状況でエントリーした場合、うまくいくとトレンドの初動で乗れるわけです。より大きな値幅を取れる可能性があります。

しかし、まだ多くのトレーダーがトレンドが始まったかどうかわからないと思っている状況ですから、レートが思惑の方向に進まないことも十分考えられます

レートが思惑と逆に動いて含み損が出た場合、ポジションをいつまでも持っていないで、速やかにロスカットしてください。

もう1つ注意しなければならないことは、「トレンドの終盤になっていることがある」ということです。

トレンドはいつか終わります。どんなに強いトレンドでもいつかは終わるわけです。

そのため、トレンドが長く続いている状況でエントリーする場合は、「このトレンドがそろそろ終わるかも」ということを頭に入れながらトレードしましょう。

次ページのチャートはトレンドの終盤に差し掛かったところで、ロング・

エントリーの条件をクリアしています。しかし、その後、レートが下降トレンドになって下落してきました。もし、ロングでエントリーしていたら、ロスカットになっていたことでしょう。

　もちろん、どこがトレンドの終盤なのかは後になってみないとわかりません。そのため、条件をクリアしたら、エントリーしてもかまいません。

　しかし、レートが思惑と逆に動いて含み損が出た場合、ポジションをいつまでも持っていないで、速やかにロスカットしてください。

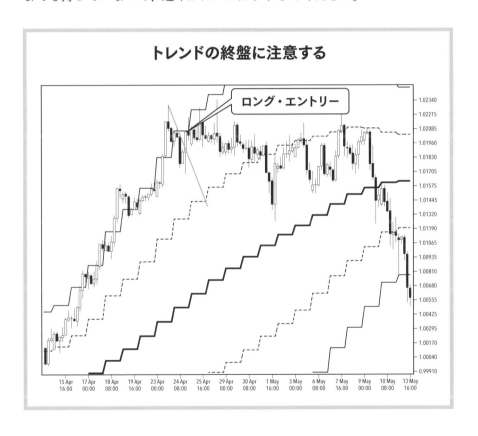

Chapter
4

スイングトレードの
基礎力をつける10問

4-1
演習問題の解き方

■ エントリー条件をチャートの形で覚える

　エントリーの条件について説明してきましたが、理解できたでしょうか。
　条件は4つありましたが、エントリーパターン自体はそれほど難しくないと思います。
　あとは、実際のチャートを見て、条件をクリアしているかどうかをどう判断するかがポイントになります。
　頭で条件を理解していても、チャートを見て、どこでクリアしているのかわからなければ、実際のトレードではうまくいきません。頭で理解しておくのも大切ですが、チャートを見てどこでクリアしてるかわかることも大切です。
　いちばんいいのは、チャートの形で覚えることです。形で覚えてしまえば、一瞬見ただけで条件をクリアしているかどうか、わかるようになります。
　私の場合、頭でいちいち考えたりはしません。チャートを一瞬見ただけで、エントリーの条件をクリアしているかどうか、わかるからです。
　形で覚えるにはチャートをたくさん見ること。数多くのチャートを見て、エントリーの条件をクリアしたところをたくさん見れば、自然と形を覚えます。
　手始めに、このChapter4で演習問題を解き、少しずつ形を覚えていきましょう。

解き方のコツ

　演習問題を解いて、確実にトレードの実力を向上させるために、解き方の
コツを紹介しましょう。

**　　チャートを時系列で丁寧に見ていくこと。**

　これは、私が実際におこなった勉強方法です。
　時系列で見ていくということは、チャートの左端からローソク足を順に見
ていくということです。1本1本丁寧に見ていったのでは時間がかかってしま
うので、さあっと流すように見ていきましょう。
　そして、条件に関わってくるようなところになったら、1本ずつ丁寧に見
ていきます。
　たとえば、以下のところです。

- ●ローソク足が日足の±2σにタッチしたところ
- ●その後の押しや戻りのところ
- ●切り上げライン・切り下げラインができそうなところ
- ●切り上げライン・切り下げラインを抜けそうなところ

　Chapter3で紹介したエントリーパターンにかぎっていえば、これ以外のと
ころはそれほど重要ではありません。その重要ではないところを見るのに多
くの時間を割くよりも、重要なところを見るのに時間を割いたほうがいいで
しょう。そのためにも、上記の4つのところを中心にじっくり見ていってく
ださい。

Chapter4の演習問題について

切り上げライン・切り下げラインの引き方をマスターしよう！

　Chapter4では切り下げライン・切り上げラインを引いて、エントリーのタイミングを探すといった問題を解いてみましょう。

　トレードは知識だけあっても継続して勝てるようにはなりません。とくに、デイトレードやスイングトレードなどのスパンの短いトレードには、技術も必要です。知識と技術があって、初めて継続して勝てるようになるわけです。

　技術は実践でのトレードを繰り返すことで向上していくのですが、演習問題を解くことでも向上していきます。

　実践だと思いながら、1問ずつ真剣に解いてみてください。技術が向上するはずです。

　初めは簡単な問題にしてあります。

　切り下げライン・切り上げラインが引けそうなところを特定するので、ラインを引く位置を答えていただきます。その後、そこからのエントリーのタイミングを答えていただきます。

　ラインの引き方については47〜48ページの「高値切り下げライン・安値切り上げラインの引き方」を参考にしてください。

　エントリーパターンについては50〜51ページのエントリー条件を覚えていれば簡単に解けます。初めはエントリーの条件を見ながらでもいいでしょう。

Q.01 Aを起点にして切り下げラインを引いてください。

ヒント　支点は複数あります。

豪ドル／円　1時間足チャート

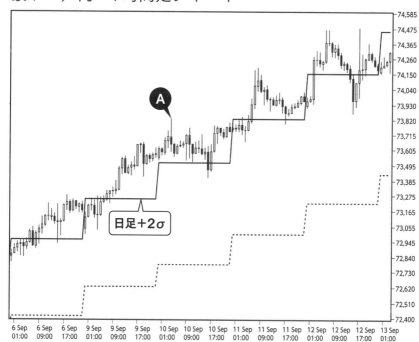

A

日足＋2σ

A.01 Dのように引きます。

豪ドル／円　1時間足チャート

解　説

　Aを起点にして切り下げラインを引く場合、BとCの2つの支点を結びます。

　先ほども述べましたが、支点の数が多いほど、そのラインを意識するトレーダーが多くなるので、ラインが効きやすくなります。

68

Q.02　A、B、Cを結んで切り下げラインを引きました。
ロング・エントリーできる箇所はどこでしょうか。

ヒント　ロング・エントリーは、切り下げラインを終値が上抜けした
ローソク足の次の足の始値です。

豪ドル／円　1時間足チャート

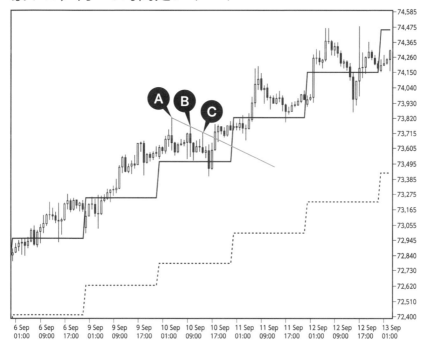

A.02 Eのところ。

豪ドル／円　1時間足チャート

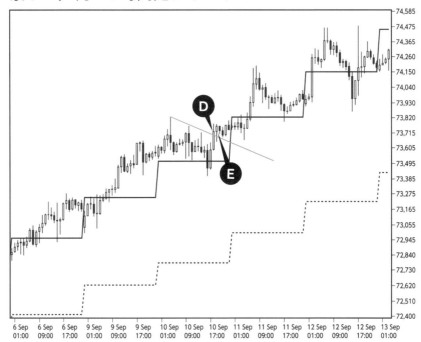

　ロング・エントリーは、切り下げラインを終値が上抜けしたローソク足の次の足の始値です。

　Dの終値が切り下げラインを上抜けしています。

　次の足の始値であるEがロング・エントリーのタイミングになります。

Q.03　Aを起点にして切り上げラインを引いてください。

ヒント　ラインとローソク足が重ならないように引きましょう。

米ドル／円　1時間足チャート

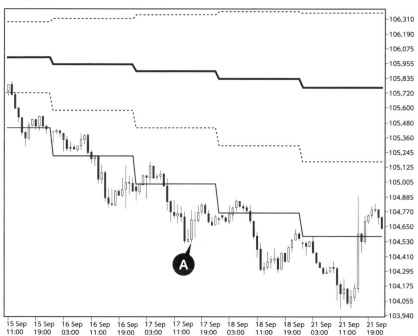

A.03 Dのように引きます。

米ドル／円　1時間足チャート

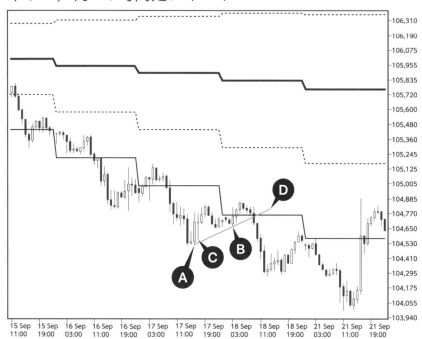

解　説

　Aを起点にして切り上げラインを引く場合、Bの支点を結びます。

　AとCを結んで切り上げラインを引いた読者の方もいることでしょう。本来、「これが正解」というのがないので、どのように引いてもかまわないのですが、この場合、レートの波形を考えると、Bの安値と結んだほうがいいでしょう。

72

Q.04　AとBを結んで切り上げラインを引きました。ショート・エントリーできる箇所はどこでしょうか。

ヒント　ショート・エントリーは、切り上げラインを終値が下抜けしたローソク足の次の足の始値です。

米ドル／円　1時間足チャート

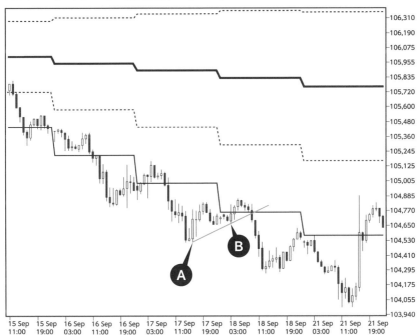

A.04 Dのところ。

米ドル／円　1時間足チャート

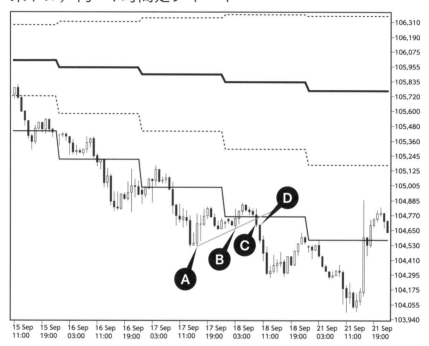

　ヒントでも書いたように、ショート・エントリーのタイミングは切り上げ
ラインを終値が下抜けしたローソク足の次の足の始値です。
　Cの終値が切り上げラインを下抜けしています。
　次の足の始値であるDがショート・エントリーのタイミングになります。

74

Q.05　Aを起点にして切り下げラインを引いてください。

ヒント　高値Aからの波形をよく見て支点を選びましょう。

ポンド／円　1時間足チャート

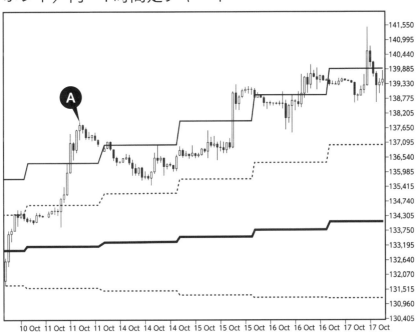

A.05 Dのように引きます。

ポンド／円　1時間足チャート

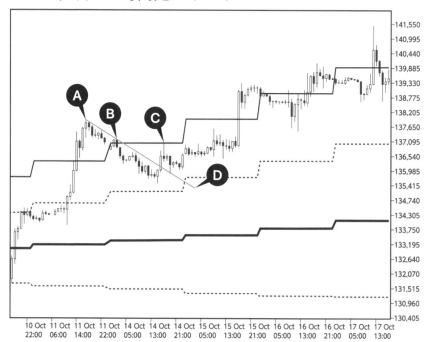

解 説

　Aを起点にして切り下げラインを引く場合、Bの支点を結びます。

　AとCの高値を結んで切り下げラインを引いた読者の方もいることでしょう。

　ヒントで書いたように、高値Aからの波形を見ると、AとBを結んだほうが自然です。

Q.06 AとBを結んで切り下げラインを引きました。 ロング・エントリーできる箇所はどこでしょうか。

ヒント　ロング・エントリーは、切り下げラインを終値が上抜けした ローソク足の次の足の始値です。

ポンド／円　1時間足チャート

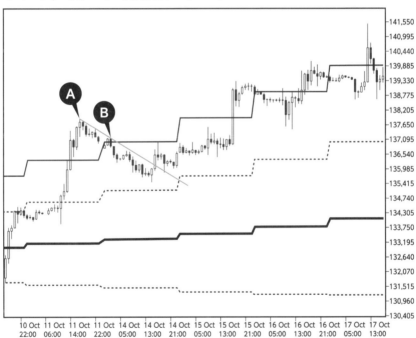

A.06 Dのところ。

ポンド／円　1時間足チャート

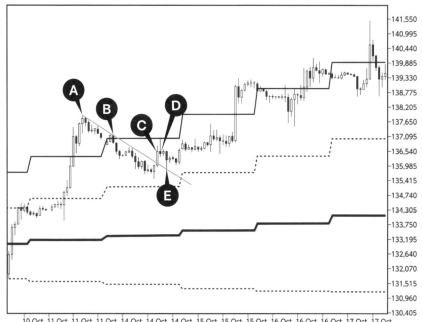

	141,550
	140,995
	140,440
	139,885
	139,330
	138,775
	138,205
	137,650
	137,095
	136,540
	135,985
	135,415
	134,740
	134,305
	133,750
	133,195
	132,640
	132,070
	131,515
	130,960
	130,405

10 Oct 22:00　11 Oct 06:00　11 Oct 14:00　11 Oct 22:00　14 Oct 05:00　14 Oct 13:00　14 Oct 21:00　15 Oct 05:00　15 Oct 13:00　15 Oct 21:00　16 Oct 05:00　16 Oct 13:00　16 Oct 21:00　17 Oct 05:00　17 Oct 13:00

解説

　ロング・エントリーは、切り下げラインを終値が上抜けしたローソク足の次の足の始値です。

　Cの終値が切り下げラインを上抜けしています。

　次の足の始値であるDがロング・エントリーのタイミングになります。

　ロング・エントリーした後、レートが切り下げラインのところまで下落しました。しかし、切り下げラインにタッチしたEのところで反発。ラインが機能していることがわかります。

Q.07 Aを起点にして切り上げラインを引いてください。

ヒント Aのところから右側にある「目立つ安値」を支点にして
引きましょう。

豪ドル／米ドル　1時間足チャート

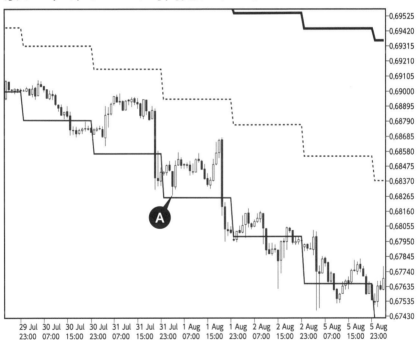

A.07 Dのように引きます。

豪ドル／米ドル　1時間足チャート

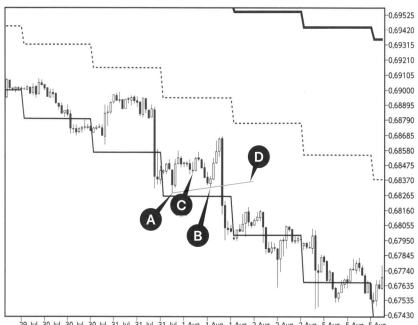

解 説

　Aを起点にして切り上げラインを引く場合、Bの安値を支点にして引くのが無難です。

　AからCを支点にして引いた人もいると思いますが、ラインの引き方に「正解」というのがないので、間違いではありません。私はDのところに引きました。

Q.08 AとBを結んで切り上げラインを引きました。
ショート・エントリーできる箇所はどこでしょうか。

ヒント 切り上げラインを下抜けしたローソク足を見つけましょう。

豪ドル／米ドル　1時間足チャート

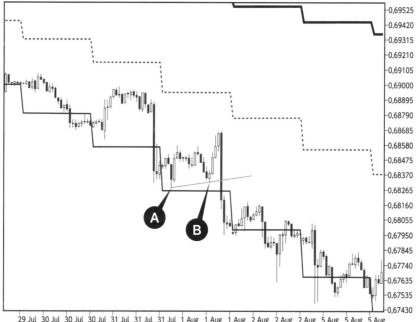

A.08 Dのところ。

豪ドル／米ドル　1時間足チャート

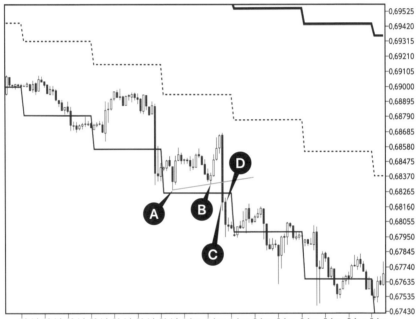

解 説

　ショート・エントリーは、切り上げラインを終値が下抜けしたローソク足
の次の足の始値です。

　Cの終値が切り上げラインを下抜けしています。

　次の足の始値であるDがショート・エントリーのタイミングになります。

Q.09 下のチャートは、ポンド／円の４時間足チャートです。
Aの安値から切り上げラインを引きました。
ショートのエントリーポイントはどこでしょうか。

ヒント　ショートのエントリーポイントは、終値が切り上げラインを
下抜けたローソク足の次の足の始値です。

ポンド／円　4時間足チャート

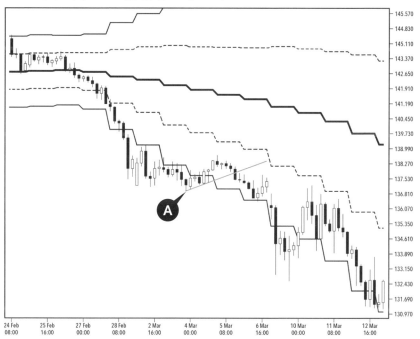

A.09   Cのところ。

ポンド／円　4時間足チャート

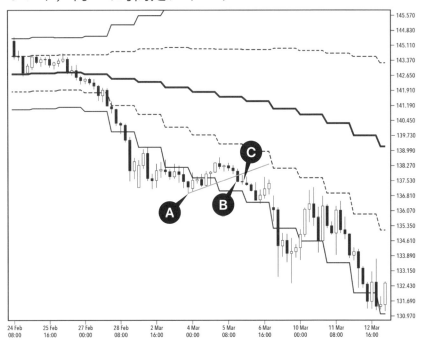

解　説

Bのところで、ローソク足の終値が切り上げラインを下抜けしています。
これで4つの条件をすべてクリアしたことになります。
次のローソク足の始値がショートのエントリーポイントになります。
このケースでは、Cのところがショートのエントリーポイントです。

Q.10

AとBを結んで切り上げラインを引きました。
ショート・エントリーできる箇所はどこでしょうか。

 Cのところで下ヒゲの一部が切り上げラインから下にはみ出ています。

豪ドル／円　1時間足チャート

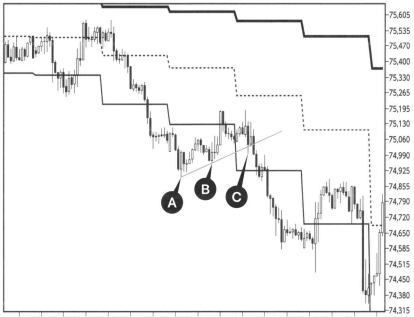

A.10 Eのところ。

豪ドル／円　１時間足チャート

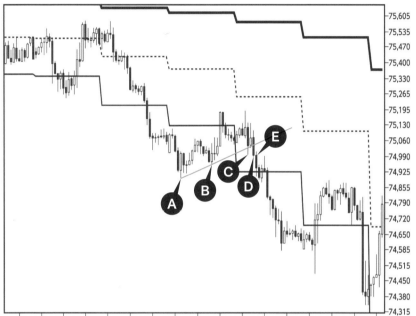

　Cのところで下ヒゲの一部が切り上げラインから下にはみ出ていますが、エントリーの条件はクリアしません。安値ではなく、終値が切り上げラインを下抜けしないと、エントリーの条件をクリアしないわけです。

　この例では、Dのところで終値が切り上げラインを下抜けしています。

　よって、次の足の始値であるEがショート・エントリーのタイミングになります。

Chapter

5

スイングトレードの
応用力をつける10問

Chapter５の演習問題について

わかりにくいチャートの問題を解いて応用力をつけよう！

　Chapter5でも練習問題を解いていただきます。

　Chapter4では比較的簡単な問題でした。

　チャートの形がよく、切り上げライン・切り下げラインが引きやすい。支点の候補が限られているので、引く位置を迷うことがほとんどなかったはずです。

　Chapter5では、チャートの形がわかりにくいものもあります。支点の候補がいくつかあり、迷ってしまうといった問題もあるはずです。

　実践では、わかりやすい形のチャートばかりというわけではありません。わかりにくい形のチャートもたくさんあります。

　あまりにもわかりにくいチャートは他のトレーダーにとってもわかりにくいので、無理にラインを引く必要はありません。他のトレーダーも引いていないので、ラインを引く意味がないのです。

　しかし、わかりにくい形ではあるがそれほどでも、という場合は、ラインを引き、エントリーのチャンスを逃さないようにすることが大切です。逃してしまうと、1つのトレンドを無駄にしてしまいます。次のトレンドが発生するまで待っていなければならないわけです。

　わからなかった問題や間違った問題は、しっかりと答えを確認し、後日、改めて問題を解いてみましょう。そして、確実に答えられるまで、これを繰り返してください。きっと、トレードスキルが向上するはずです。

Q.11 Aを起点にして切り上げラインを引いてください。

 支点は複数あります。

ポンド／円　1時間足チャート

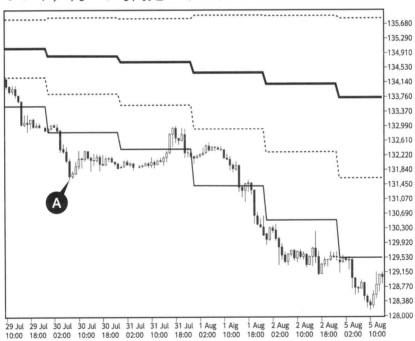

A.11 Gのように引きます。

ポンド／円　1時間足チャート

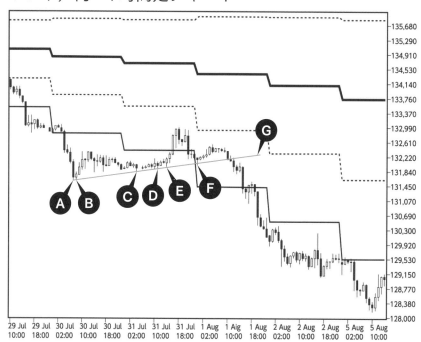

解　説

　Aを起点にして切り上げラインを引く場合、BからFまでの5つの支点を結びます。

　先ほども述べましたが、支点の数が多いほど、そのラインを意識するトレーダーが多くなるので、ラインが効きやすくなります。

Q.12 Aの切り上げラインを引きました。
ショート・エントリーのタイミングはどこでしょうか。

ヒント　ショート・エントリーのタイミングは切り上げラインを下抜け
たローソク足の次の足の始値です。

ポンド／円　1時間足チャート

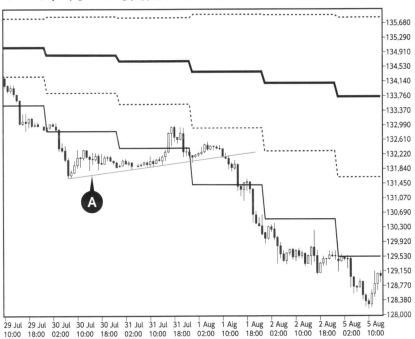

A.12 Cのところ。

ポンド／円　1時間足チャート

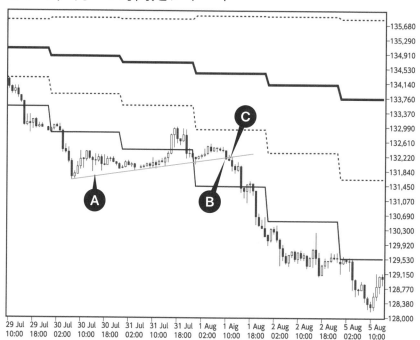

解説

　この問題も簡単だったと思います。

　図のチャートが小さいので少しわかりにくいかもしれませんが、Bの終値でAの切り上げラインを下抜けしています。

　よって、次の足の始値であるCがショート・エントリーのタイミングになります。

Q.13 Aを起点にして切り下げラインを引いてください。

ヒント 支点になりそうな高値がいくつかあります。

豪ドル／米ドル　4時間足チャート

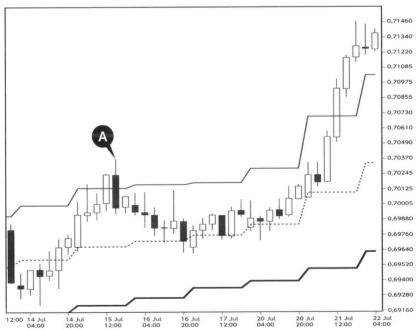

A.13 B、C、Dのように引きます。

豪ドル／米ドル　4時間足チャート

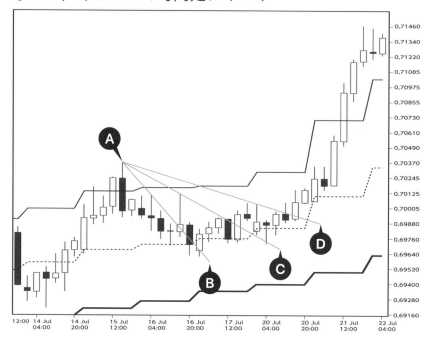

解 説

　Aを起点にして切り下げラインを引く場合、B、C、Dの高値が支点の候補になります。

　この3つであれば、どれでも正解です。

　ただ、引いたトレーダーが多いのは、BかCだと思います。

　Bに引いて、Cの高値ができた時点でAからCに引き直したトレーダーが多いはずです。

94

Q.14

Aの高値から切り下げラインを引きました。
エントリーのポイントを見つけてください。

ヒント　切り下げラインを上抜けした足の次の始値がエントリーの
タイミングです。

豪ドル／米ドル　4時間足チャート

A.14 Cのところ。

豪ドル／米ドル　4時間足チャート

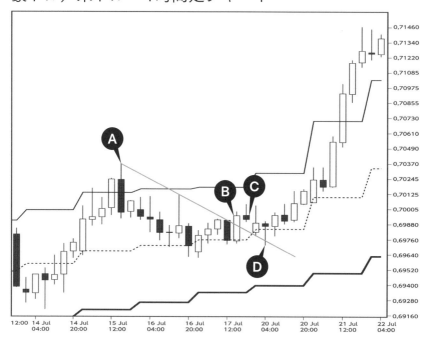

解 説

　Bの終値が切り下げラインを上抜けしました。これで、4つの条件をクリア
したことになります。

　よって、次のローソク足の始値であるCがエントリーのポイントです。

　エントリー後、レートがDのところで切り下げラインまで下がっています
が、これはよくあることです。

Q.15

下のチャートは、ポンド／円の４時間足チャートです。
Aの安値から切り上げラインを引き、
ショートのエントリーポイントを見つけてください。

ヒント　この場合、切り上げラインはAの安値から３つの支点を結んで
引きましょう。

ポンド／円　4時間足チャート

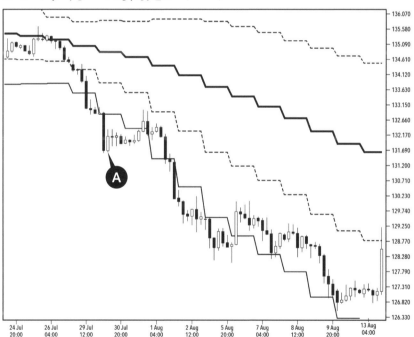

A.15 切り上げラインはBのところ。ショートのエントリーポイントはDのところ。

ポンド／円　4時間足チャート

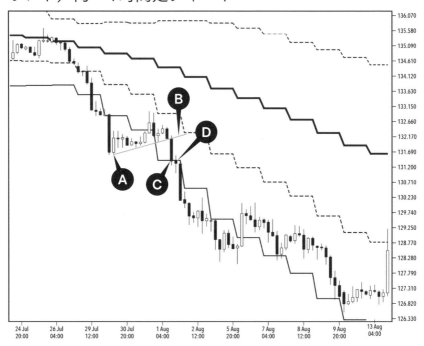

解　説

　切り上げラインはAの安値から3つの支点を結んで引きます。Bが切り下げラインになります。

　Cの終値が切り上げラインを下抜けしました。次のローソク足の始値であるDがショートのエントリーポイントです。

　この切り上げラインは、91ページの1時間足チャートに引いたラインです。

　ただ、エントリーのタイミングは少し違います。

Q.16 下のチャートに切り下げラインを引いて、ロング・エントリーのタイミングを探してください。

ヒント　今までの形と少し違います。

ポンド／円　4時間足チャート

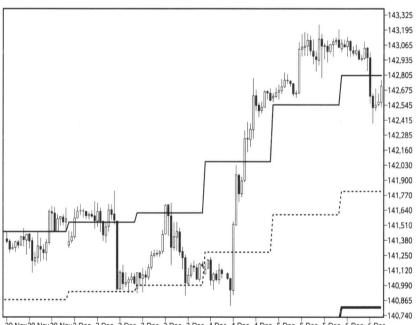

A.16 切り下げラインはCのところ。ロング・エントリーのタイミングはDのところ。

ポンド／円　4時間足チャート

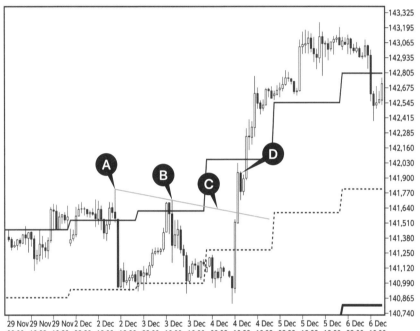

29 Nov	29 Nov	29 Nov	2 Dec	2 Dec	2 Dec	3 Dec	3 Dec	3 Dec	4 Dec	4 Dec	4 Dec	5 Dec	5 Dec	5 Dec	6 Dec	6 Dec
02:00	10:00	18:00	02:00	10:00	18:00	02:00	10:00	18:00	02:00	10:00	18:00	02:00	10:00	18:00	02:00	10:00

解 説

　今までのチャートとは少し形が異なります。レートの上げ下げがやや大きいです。

　Aの高値とBの高値を結んで、Cのところに切り下げラインを引きます。

　ロング・エントリーのタイミングはDになります。

Q.17

下のチャートは、ユーロ／ポンドの4時間足チャートです。
切り下げラインを引いてください。

ヒント 引ける箇所は複数あります。

ユーロ／ポンド　4時間足チャート

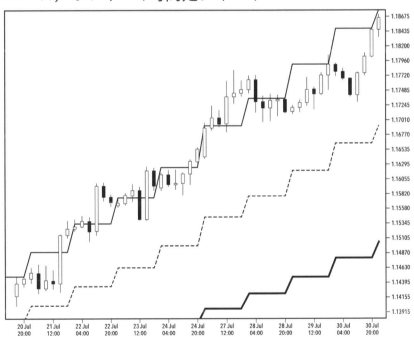

A.17 A、B、C、Dのところ。

ユーロ／ポンド　4時間足チャート

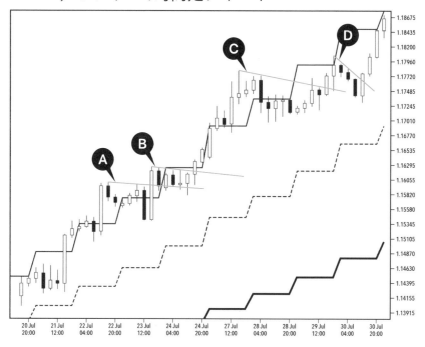

解　説

　レートが+2σを上抜けた後のローソク足の形に注目すれば、どこに引けばよいのか、わかると思います。

　このように、上昇トレンドが続いているときは何本も引けることがあります。

　トレンドはいつか終わってしまうので、なるべく早い段階でエントリーしましょう。

Q.18

下のチャートは、スイスフラン／円の４時間足チャートです。
切り下げラインを引いてください。

ヒント　引ける箇所は複数あります。

スイスフラン／円　４時間足チャート

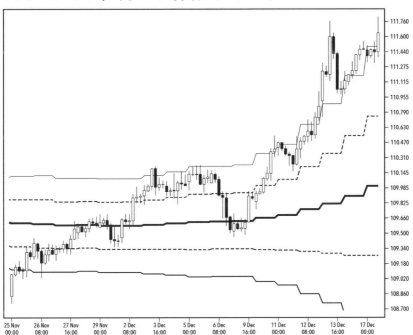

A.18 BとCのところ。

スイスフラン／円　4時間足チャート

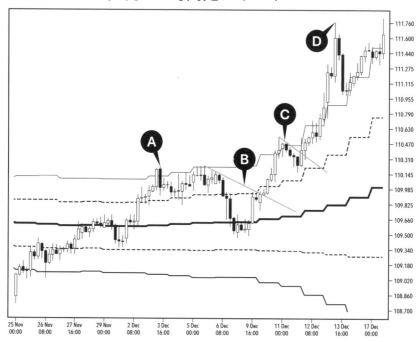

解説

　Aの高値からも引けそうですが、ちょうどいい支点がありません。

　Dの高値からも引けないことはないのですが、角度が急勾配になってしまいます。

　急勾配のラインは意識されないこともあるので、引かないようにしましょう。

Q.19

下のチャートは、ユーロ／米ドルの４時間足チャートです。
切り下げラインを引いてください。

 引ける箇所は複数あります。

ユーロ／米ドル　４時間足チャート

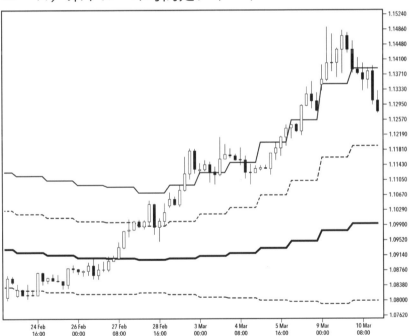

A.19　AとBのところ。

ユーロ／米ドル　4時間足チャート

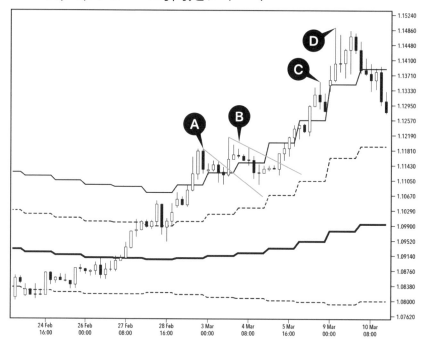

解説

　CやDの高値からも引けないことはないのですが、切り下げラインを形成するローソク足の数が少なすぎます。

　2つ並んだ高値から引いていたのでは、ラインの数が多くなりすぎてしまいます。

　この例では、AとBの2本が無難です。

Q.20　AとBのところに切り下げラインを引きました。ロングのエントリーポイントはどこでしょうか。

ヒント　ロングのエントリーポイントは、終値が切り下げラインを上抜けたローソク足の次の足の始値です。

ユーロ／米ドル　4時間足チャート

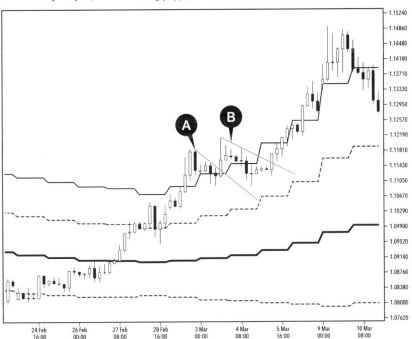

A.20 DとFのところ。

ユーロ／米ドル　4時間足チャート

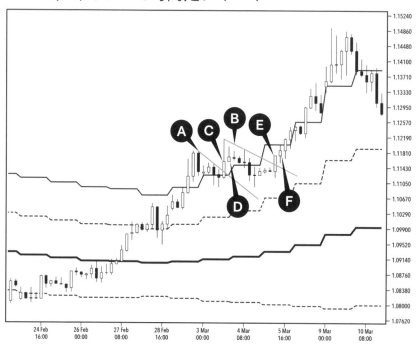

解説

　Aの切り下げラインを使った場合はCのところで条件をすべてクリアして
いるので、Dの始値でエントリーします。

　Bの切り下げラインを使った場合はEのところで条件をすべてクリアして
いるので、Fの始値でエントリーします。

Chapter

6

スイングトレードの
勝率を上げる判断力
が身につく5問

Chapter 6 の演習問題について

実践に近い形の問題を解いてスキルを向上させよう！

　Chapter 6 では、より実践に近い形の問題を解いていただきます。

　当然のことですが、実践ではどこが起点になる、どこが支点になる、どこにラインを引く、どこがエントリーのタイミングになる、といったことは誰も教えてくれません。テクニカル指標しか表示していないチャートから、自分一人でエントリーのタイミングを見つけなければなりません。

　初心者にとって、テクニカル指標しか表示していないチャートからエントリーのタイミングを見つけることは、かなり難しい事だと思います。

　しかし、エントリーの条件をよく覚えたうえで、チャートを時系列でゆっくり見ていけば、見つけることができるはずです。

　なお、Chapter 6 の問題を解いた後は、過去のチャートを使って、ラインを引く位置やエントリーのタイミングを見極める練習をしましょう。数をこなせば、エントリーのタイミングを簡単に見つけられるようになるはずです。

Q.21 起点と支点を探して切り上げラインを引いてください。

 支点は複数あります。

豪ドル／円　1時間足チャート

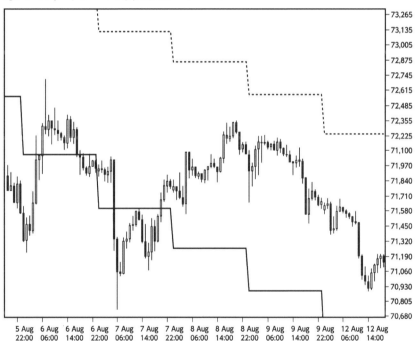

A.21

Dのように引きます。

豪ドル／円　1時間足チャート

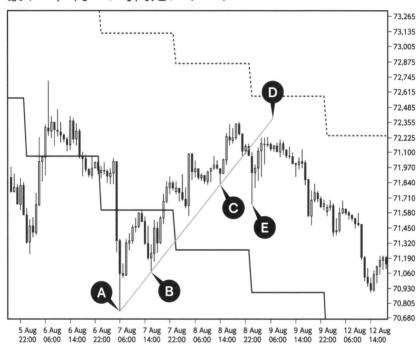

解 説

Eの安値を支点にした方もいることでしょう。

Aからの波形を考えると、BとCの安値を支点にして引くのが無難です。

下位足ではそこそこ大きな上昇トレンドになっていたはずです。

Q.22　Aの切り上げラインを引きました。
ショート・エントリーのタイミングはどこでしょうか。

 ショート・エントリーのタイミングは切り上げラインを下抜け
たローソク足の次の足の始値です。

豪ドル／円　1時間足チャート

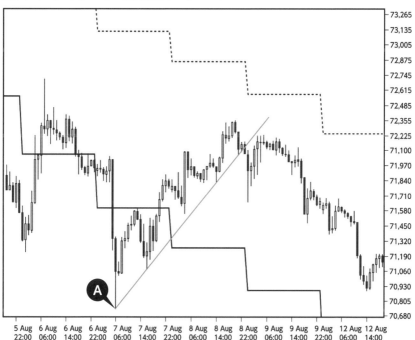

A.22 Cのところ。

豪ドル／円　1時間足チャート

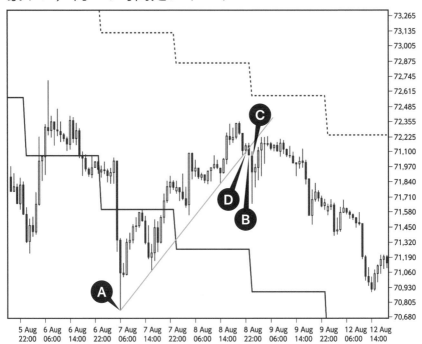

| 5 Aug
22:00 | 6 Aug
06:00 | 6 Aug
14:00 | 6 Aug
22:00 | 7 Aug
06:00 | 7 Aug
14:00 | 7 Aug
22:00 | 8 Aug
06:00 | 8 Aug
14:00 | 8 Aug
22:00 | 9 Aug
06:00 | 9 Aug
14:00 | 9 Aug
22:00 | 12 Aug
06:00 | 12 Aug
14:00 |

73,265
73,135
73,005
72,875
72,745
72,615
72,485
72,355
72,225
71,100
71,970
71,840
71,710
71,580
71,450
71,320
71,190
71,060
70,930
70,805
70,680

解 説

　この問題は少し迷ったと思います。

　Dのところで安値が切り上げラインを下抜けしています。

　しかし、終値は切り上げラインを下抜けしていないので、条件4をクリアしていません。

　Bのローソク足の終値が切り上げラインを下抜けたので、次の足の始値であるCがショート・エントリーのタイミングになります。

Q.23 切り下げラインを引き、エントリーのポイントを見つけてください。

ヒント　切り下げラインは上ヒゲを結んで引きましょう。

豪ドル／米ドル　4時間足チャート

A.23 切り下げラインはAとBのところ。 エントリーのポイントはCとDのところ。

豪ドル／米ドル　4時間足チャート

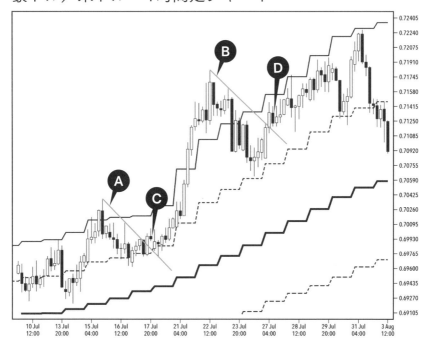

解 説

　切り下げラインは2本引けます。AとBのところです。

　ロング・エントリーのポイントは、AのラインのほうがC、BのラインのほうがDになります。

Q.24 四角で囲ったところに切り上げラインを1本だけ引いてください。

 ヒントなしにします。
ここだ、と思うところに引いてください。

米ドル／カナダドル　4時間足チャート

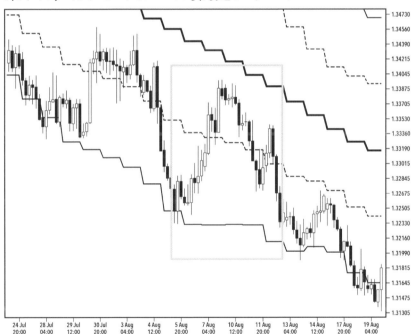

A.24 A、B、Cのところ。

米ドル／カナダドル　4時間足チャート

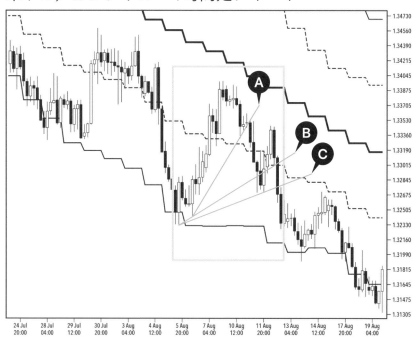

解 説

　もう一度だけ言いますが、ラインの引き方に正解というのはありません。

　A、B、Cのどれかと同じところに引いてあれば、問題ありません。

　ちなみに、私はAのところに引きました。下位足のトレンドラインを意識したからです。

Q.25 A24で答えた切り上げラインでの エントリータイミングを答えてください。

ヒント Aのラインを答えた方はAでのエントリータイミング、Bのラインを答えた方はBでのエントリータイミング、Cのラインを答えた方はCでのエントリータイミングを答えてください。

米ドル／カナダドル　4時間足チャート

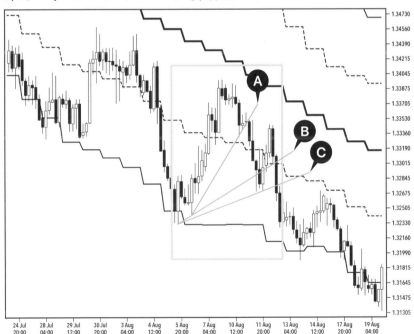

A.25　AでのエントリータイミングはD、Bでのエントリータイミングは E、C でのエントリータイミングは F。

米ドル／カナダドル　4時間足チャート

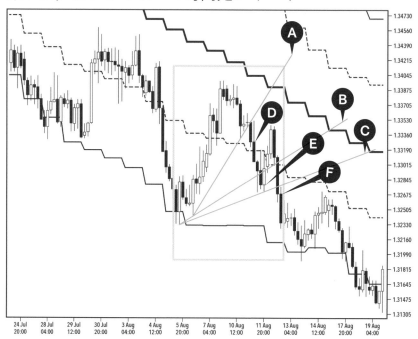

解 説

　すでに、エントリーパターンの問題をいくつも解いているので、それほど
難しくなかったと思います。

　AでのエントリータイミングはD、BでのエントリータイミングはE、Cで
のエントリータイミングはFになります。

Chapter

7

ロスカットで資産を守る

7-1

含み損が出たときはロスカットで対処する

■ 含み損が出ているポジションを決済する

　Chapter7では、リスクコントロールについて説明していきます。

　FXにかぎらず、トレードではリスクコントロールがとても大切です。リスクを限定しながら利益を狙っていく、といったスタンスでトレードしましょう。

　どのようなエントリーパターンでも、また、どのような手法でも、全戦全勝というわけにはいきません。必ず損失が出るトレードがあります。

　含み損が出たときにどのような対応をするか、どのように対処するかが、とても重要です。

　含み損が出たときは、ロスカットで対処しましょう。

　ロスカットとは損切りのこと。含み損が出ているポジションを決済して、損失を確定させることです。

　ロングのポジションを持っていて含み損が出た場合は、売りで決済して損失を確定させます。同様に、ショートのポジションを持っていて含み損が出た場合は、買いで決済して損失を確定させます。

　決済してしまえば、その後、レートがどんなに動いても、損失が拡大することはありません。

　トレードで大切なのは、「負けないこと」ではありません。負けがあってもいいわけです。大切なのは、「上手に負けること」です。

　このことをよく頭に入れておいてください。

7-2

ロスカットのタイミング

ロスカットのタイミングはいつなのか？

　次は、ロスカットのタイミングについて説明します。

　ロスカットのタイミングは早くても駄目、遅くても駄目です。

　エントリーからロスカットまでの値幅が狭いと、すぐにロスカットになってしまいます。この場合、頻繁にロスカットとなってしまい、精神的にもかなりきつくなります。

　また逆に、エントリーからロスカットまでの値幅がかなり広いと、ロスカットになる回数は少ないのですが、1回のロスカットで大きな損失が出てしまいます。ロスカットといえないほどに値幅が広いトレードをしている人もいます。ロスカットは、損失額を抑えないと、意味がありません。

　ロスカットのタイミングは、各自で決めなければなりません。

　なぜなら、トレードにおける環境や条件が人それぞれ異なるからです。

　たとえば、トレードの利益から生活費を出している人と、そうでない人とでは、取れるリスクが異なります。また、大きな利益を狙う人と小さな利益を狙う人とでは、取るリスクが異なります。

　初めのうちは、狙う利益の3分の1程度の値幅がおすすめです。

　たとえば、100pipsの利益を狙うのであれば、33pipsくらいのリスクを取ります。ロングでエントリーした場合、買値から33pips下落したらロスカットします。ショートでエントリーした場合、売値から33pips上昇したらロスカットします。

決めたタイミングで必ず実行する

■ ロスカットのタイミングはエントリーする前に決めておく

　ロスカットのタイミングは、なるべくエントリーする前に決めておきましょう。

　勝っているトレーダーの多くは、エントリーする前にロスカットのタイミングを決めています。逆に、勝っていないトレーダーはエントリーする前に決めていません。なかには、含み損が大きくなってからタイミングを考えるトレーダーもいます。

　遅くとも、エントリー直後には決めるべきです。

　そして、タイミングを決めたら、必ず守ること。

　勝てないトレーダーの多くは、決めたタイミングでロスカットしないことが多いようです。

　エントリーする前は「●pips下落したらロスカットする」と決めたはずなのに、実際にそのレートまで下落してきてもロスカットしない。

　これによって、レートが反転して含み損がなくなったり、利益が出ることもあります。

　しかし、レートが反転しないで含み損が拡大してしまうこともあるわけです。

　これでは、ロスカットのタイミングを決めた意味がありません。

　決めたタイミングで必ず実行しましょう。

7-4

テクニカルポイントで
ロスカットのタイミングを決める

ロスカットのポイントは安値や高値を目安にする

　チャートのテクニカルポイントでロスカットのタイミングを決める方法も
あります。
　手法によって若干の違いはありますが、基本的には以下のとおりです。

- ●ロングのポジションを持っている場合
  ……… レートが直近の安値を下に抜けたとき
- ●ショートのポジションを持っている場合
  ……… レートが直近の高値を上に抜けたとき

　安値や高値をポイントにするわけです。
　これは多くのトレーダーが安値や高値を意識してトレードをしているから
です。
　たとえば、「安値を下抜けしたらポジションを決済しよう」「安値を下抜け
なければロングでエントリーしよう」「高値は上抜けないようであればポジ
ションを利食いしよう」というように、安値や高値に対するレートの動きに
よって、どのようなトレードをするか決めているわけです。
　こういったことから、テクニカルポイントでロスカットする場合は、安値
や高値を目安にします。
　ただ、安値や高値でロスカットするのではなく、そこから少し離れたとこ
ろにロスカットのポイントをおきます。レートは若干ブレることがあるので、
それを考慮して少し離しておきます。
　わからない方は、次ページの図を参考にしてください。上段はロングでエ
ントリーした場合のロスカットポイントです。直近の安値から少し下のとこ

ろをロスカットポイントにします。エントリーした後にここまでレートが下がってきたら、ロスカットするわけです。下段はショートでエントリーした場合のロスカットポイントです。直近の高値から少し上のところをロスカットポイントにします。エントリーした後にここまでレートが上がってきたら、ロスカットするわけです。

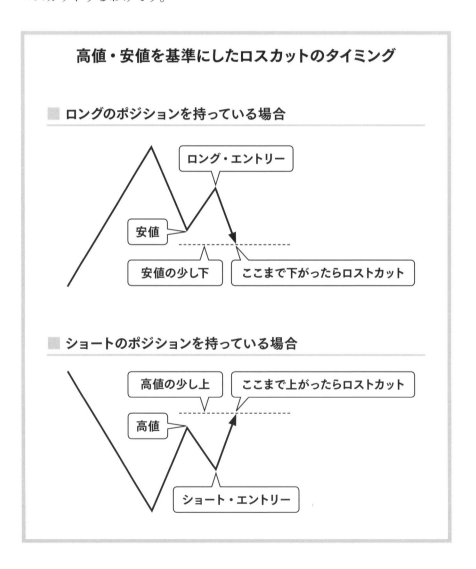

高値・安値を基準にしたロスカットのタイミング

■ **ロングのポジションを持っている場合**

ロング・エントリー

安値

安値の少し下　　ここまで下がったらロストカット

■ **ショートのポジションを持っている場合**

高値の少し上　　ここまで上がったらロストカット

高値

ショート・エントリー

7-5

退場にならないようなトレードをする

資金がなくならないようにする

　FXでは、「退場」になってしまうトレーダーがたくさんいます。

　退場とは、資金が少なくなったり、なくなったりして、トレードを続けられなくなることです。

　FXトレーダーのツイッターやブログで時々、「退場になってしまいました」というような書き込みを見かけることがあります。

　レートが大きく変動したときに見かけることが多くなります。大きな変動によって、資金が少なくなった、または、なくなってしまったのでしょう。

　トレードをするうえで大切なことはいくつかあるのですが、最も大切なのは「退場にならないようなトレードをする」ということです。

　「退場にならないようなトレード」とはどのようなトレードなのかを説明する前に、まずは退場になる原因をあげておきます。

　退場になる主な原因は以下の3つです。

**　1.　ロスカットが遅い（またはロスカットをしない）**
**　2.　レバレッジの掛け過ぎ（ロットが大き過ぎる）**
**　3.　ナンピン**

　1つ目の原因は、「ロスカットが遅い」です。

　退場になってしまう人のほとんどは、ロスカットが遅い。含み損が拡大しているのに、ポジションを持ち続けている。

　そして、耐えられなくなったところで、泣く泣く決済して損失を確定させます。

当然、資金は大きく減ってしまいます。

また、ロスカットが遅かったり、ロスカットをしないため、「強制決済」になってしまうことがあります。

強制決済とは、FX取引の証拠金規制に基づき、法令で定める証拠金必要額が預託されていない口座で 継続して取引ができないように強制的に取引を終了させる制度です。

当然、この場合も資金は大きく減ってしまいます。

2つ目の原因は、レバレッジの掛け過ぎです。

国内のFX取引業者の場合、レバレッジは最大で25倍（2021年9月現在）。

レバレッジを最大限に近い状態でポジションを建てると、少しの変動で大きな含み益が出る可能性があります。しかし、逆に、少しの変動で大きな含み損が出る可能性もあるわけです。

3つ目の原因は、ナンピンです。

ナンピンとは、ポジションを増やして平均値を有利にすることです。

たとえば、ロングポジションを保有しているときにレートが下がったら、さらにロングポジションを増やし、保有しているポジションの平均値を下げることです。

ショートポジションを保有しているときは、その逆。レートが上がったら、さらにショートポジションを増やし、保有しているポジションの平均値を上げることです。

平均値が有利になるので、レートが思惑の方向に切り返したとき、含み損がなくなりやすくなります。また、含み益が出やすくなります。

そのため、含み損が出たときにナンピンをする人が多いようです。

ナンピンをしてからレートが思惑の方向に切り返せばよいのですが、そのまま思惑の逆方向に進んでしまう可能性もあります。

当然、大きな含み損を抱えることになり、場合によっては追証が発生したり、強制決済になります。

退場にならないようなトレード

では、退場にならないためには、どのようにすればよいのでしょうか。

それは、退場になる原因として挙げた3つのことをしなければよいわけです。

1. **ロスカットを遅くしない**
2. **レバレッジを掛け過ぎない**
3. **なるべくナンピンをしない**

まずは、ロスカットを遅くしないことです。

ロスカットは早ければよいというわけではありません。適切なタイミングでおこなうことが大切です。

ロスカットをきちんとしていれば、退場になる可能性はかなり低くなります。

次に、レバレッジを掛け過ぎないことです。

レバレッジに余裕を持たせる、ロットを小さくする、ということです。

あとは、なるべくナンピンをしないことです。

先にも述べたとおり、ナンピンはポジションの平均値を有利にするので、有効な手段です。

しかし、その反面、リスクが拡大するので、注意が必要。

とくに、トレンドがポジションと逆になっている場合は、ナンピンをするべきではありません。

ロスカットのタイミング

ロスカットのタイミングを覚える

　次は、「Chapter3」で紹介したエントリーパターンのロスカットのタイミングについて説明しましょう。

　これは125ページで紹介したタイミングでロスカットします。

- **●ロングのポジションを持っている場合**
  ……… レートが切り下げラインの安値を下に抜けたとき
- **●ショートのポジションを持っている場合**
  ……… レートが切り上げラインの高値を上に抜けたとき

　ロングのポジションを持っている場合は切り下げラインを形成しているローソク足のいちばん低い安値、ショートのポジションを持っている場合は切り上げラインを形成しているローソク足のいちばん高い高値をポイントにします。

　ただ、安値や高値でロスカットするのではなく、そこから少し離れたところにロスカットのポイントをおきます。

　わからない方は、次ページの図を参考にしてください。

　エントリーする前に、ポイントとなる高値と安値はすでにわかっています。

　エントリーのポイントからロスカットのポイントまでの値幅もわかっているはずです。その値幅が大きくて「自分はこのリスクを取れない」と判断した場合はエントリーを見送りましょう。無理に大きなリスクを取る必要はありません。

　値幅が何pipsなのかは、MT4ならすぐにわかります。

　たとえば、AからBまでの値幅を測る場合は以下の通り。

　　①「十」のアイコンをクリックする

②Aのところで左クリック
③左クリックをしたままカーソルをBのところまで移動させる
これでpips数が表示されます。

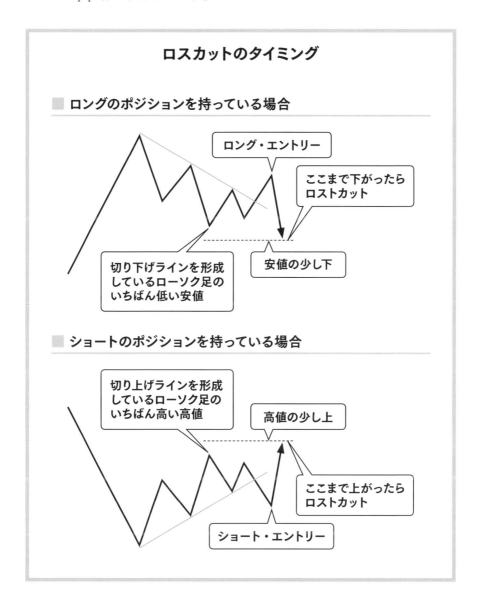

7-7 【実例解説】
ロング・エントリーのロスカットタイミング
ポンド／米ドル

■ ロング・エントリーのロスカットをチャートで理解する

　では、ロスカットのタイミングについて、実例を使って説明します。まずはロング・エントリーの例からです。

　次ページのチャートは、ポンド／米ドルの4時間足チャートです。

　Aのところに切り下げラインを引きました。

　Bのところがロング・エントリーのタイミングです。

　　●建値（ロング）…… 1.41622ドル

　次に、ロスカットのポイントを決めます。ロングのポジションを持っている場合は、「切り下げラインを形成しているローソク足のいちばん低い安値」が目安になります。この例ではCが低い安値です。

　ここを目安にして、ここから少し下の位置をロスカットのポイントにします。Dのあたりです。

　　●ロスカットのポイント …… 1.40634ドル

　エントリー後、レートはほとんど上がることなく下落。Eのところでロスカットになりました。

　ロスカットのポイントは必ずこのあたりにしなければならない、というわけではありません。安値よりもどのくらい下にするかは、読者の方が自由に決めてかまいません。

　ただ、あまり上過ぎるとすぐにロスカットになってしまい、その後レートが切り返していくということが多くなってしまいます。逆に、あまり下過ぎると、ロスカットになったときの損失額が大きくなるため、ロスカット自体の意味がなくなってしまいます。ロスカットは損失額を小さく抑えるためにおこなうわけですから、損失額がある程度大きいと意味がないわけです。

　初めのうちはどのくらいにすればよいのか、なかなかわからないと思いま

132

すが、トレードの回数をこなしていくうちに、「自分に合った値幅」というのはわかってくると思います。

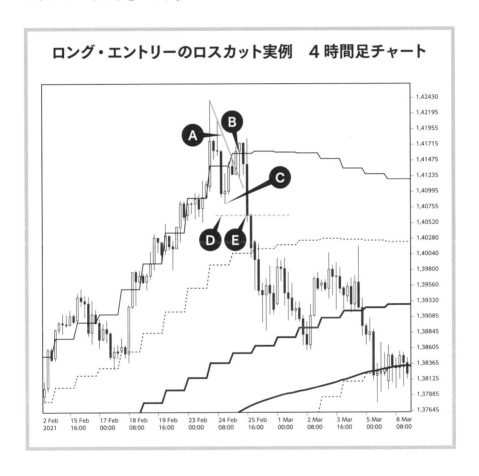

ロング・エントリーのロスカット実例　4時間足チャート

7-8 【実例解説】
ショート・エントリーのロスカットタイミング
ユーロ／円

■ ショート・エントリーのロスカットをチャートで理解する

　次は、ショート・エントリーのロスカットタイミングについて、実例を使って説明します。

　次ページのチャートは、米ドル／円の4時間足チャートです。

　Aのところに切り上げラインを引きました。

　Bのところがショート・エントリーのタイミングです。

　●建値（ロング）……… 108.762円

　ショートのポジションを持っている場合ロスカットのポイントは、「切り上げラインを形成しているローソク足のいちばん高い高値」が目安になります。この例ではCが高い高値です。

　ここを目安にして、ここから少し上の位置をロスカットのポイントにします。Dのあたりです。

　●ロスカットのポイント……… 109.242円

　エントリー後、レートはほとんど下がることなく上昇。Eのところでロスカットになりました。

　ロスカットの注文はエントリー後になるべく早く出してください。レートは急激に変動することがあるので、注文を出しておかないと大きな含み損になってしまうことがあります。そうなると、大きな値幅でロスカットすることになってしまいます。

　ロスカットの注文は「逆指値」で出します。逆指値は、「レートが上昇し、指定した値段以上になれば買い」「レートが下落し、指定した値段以下になれば売り」とする注文方法です。

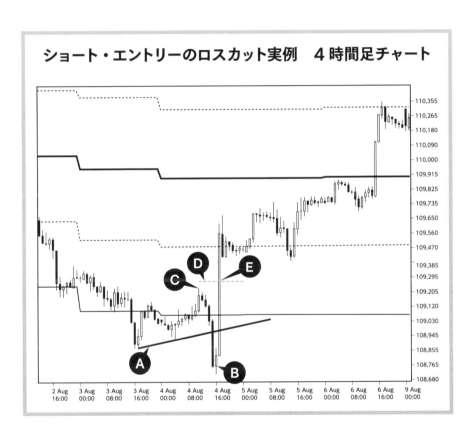

ショート・エントリーのロスカット実例　４時間足チャート

Chapter

8

ロスカットのスキルが
身につく5問

Chapter8の演習問題について

ロスカットをマスターしよう！

Chapter8でも演習問題を解いていただきます。

Chapter4から6までの問題とは違い、リスクに関する問題です。Chapter7で説明したロスカットについての問題です。

エントリーのタイミングについては興味を持ってる人が多いのですが、リスク管理やロスカットについて興味を持っている人はあまりいません。

もちろん、FXは儲けるためにするわけですから、儲けにつながりやすい情報に興味を持つのはいいのですが、大きな損失を出さないための情報についても興味を持つべきです。

トレードでは大きな損失を出さないことは大切です。スイングトレードの場合、値動きによっては大きな損失が出てしまうので、リスク管理をしっかりおこなう必要があります。そのためにも、演習問題でしっかりとロスカットをマスターしましょう。

切り上げライン・切り下げラインの位置とエントリーの位置は問題のところで特定します。ロスカットのポイントを答えて下さい。

130ページに書いてあることを覚えていれば解けるはずです。

エントリーポイントからの値幅は厳密に決められていませんので、だいたいの値幅、だいたいの位置でかまいません。答えの位置と近ければ、正解です。

Q.26

Aのところに切り下げラインを引き、Bのところ
（130.298円）でロング・エントリーしました。
エントリー後、Cの高値（130.657円）まで上昇しまし
たがすぐに下落してしまいました。
ロスカットのタイミングはどのあたりでしょうか。

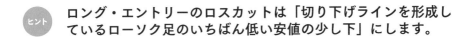 ロング・エントリーのロスカットは「切り下げラインを形成し
ているローソク足のいちばん低い安値の少し下」にします。

ユーロ／円　4時間足チャート

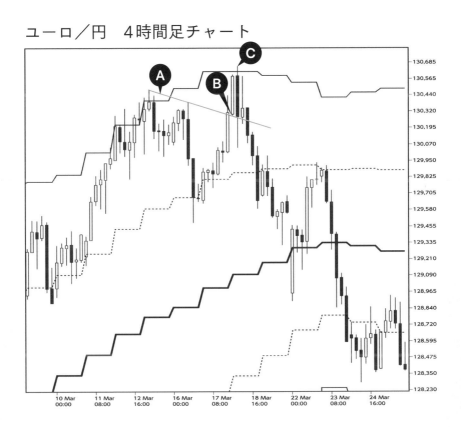

A.26 Eのあたり。

ユーロ／円　4時間足チャート

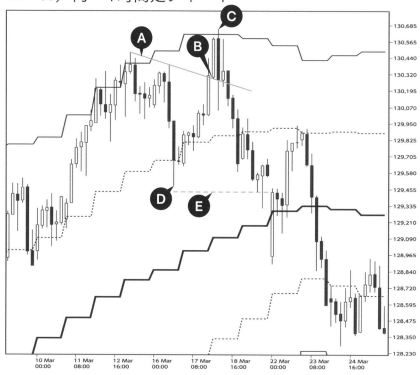

解　説

　ロング・エントリーの場合、ロスカットのポイントは「切り下げラインを形成しているローソク足のいちばん低い安値の少し下」です。

　この場合はDの安値の少し下であるEあたり（129.435円）がロスカットのポイントになります。このあたりで答えていれば正解です。

Q.27

Aのところに切り下げラインを引き、Bのところ
（127.364円）でロング・エントリーしました。
エントリー後、Cの高値（127.453円）まで上昇しまし
たがすぐに下落してしまいました。
ロスカットのタイミングはどのあたりでしょうか。

ヒント ロング・エントリーのロスカットは「切り下げラインを形成し
ているローソク足のいちばん低い安値の少し下」にします。

ユーロ／円　1時間足チャート

A.27　Eのあたり。

ユーロ／円　1時間足チャート

解　説

　Dの高値の少し下であるEあたり（127.18円）がロスカットのポイントになります。このあたりで答えていれば正解です。

　支点が2つできれいな形でしたが、エントリーした直後に下落してしまいました。

　この例のように、日足の＋2σの上（外）でロングする場合、反落しやすいので必ずロスカットしてください。

Q.28

Aのところに切り上げラインを引き、Bのところ（1.36924ドル）でショート・エントリーしました。
エントリー後、Cの安値（1.36699ドル）まで下落しましたが、上昇してしまいました。
ロスカットのタイミングはどのあたりでしょうか。

 ショート・エントリーのロスカットは「切り上げラインを形成しているローソク足のいちばん高い高値の少し上」にします。

ポンド／米ドル　1時間足チャート

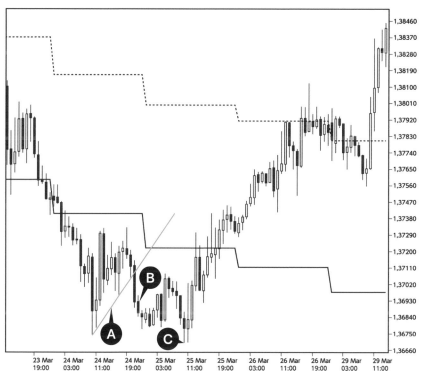

A.28 Eのあたり。

ポンド／米ドル　1時間足チャート

解説

　Dの高値の少し上であるEあたり（1.37387ドル）がロスカットのポイントになります。このあたりで答えていれば正解です。

　この例のように、日足の－2σの下（外）でショートする場合、反発しやすいので必ずロスカットしてください。

Q.29

Aのところに切り下げラインを引き、Bのところ
（1.13895ドル）でロング・エントリーしました。
エントリー後、すぐに下落してしまいました。
ロスカットのタイミングはどのあたりでしょうか。

 ロング・エントリーのロスカットは「切り下げラインを形成し
ているローソク足のいちばん低い安値の少し下」にします。

ユーロ／米ドル　4時間足チャート

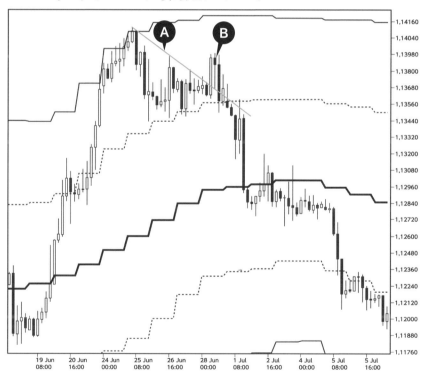

A.29 Dのあたり。

ユーロ／米ドル　4時間足チャート

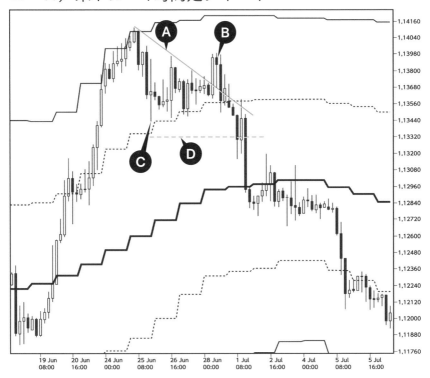

　ロング・エントリーの場合、ロスカットのポイントは「切り下げラインを
形成しているローソク足のいちばん低い安値の少し下」なので、この場合は
Cの安値の少し下であるDあたり（1.1333ドル）がロスカットのポイントに
なります。このあたりで答えていれば正解です。

146

Q.30

Aのところに切り上げラインを引き、Bのところ
（1.09529ドル）でショート・エントリーしました。
エントリー後、Cの安値（1.09236ドル）まで下落しま
したが、上昇してしまいました。
ロスカットのタイミングはどのあたりでしょうか。

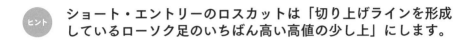 ショート・エントリーのロスカットは「切り上げラインを形成
しているローソク足のいちばん高い高値の少し上」にします。

ユーロ／米ドル　1時間足チャート

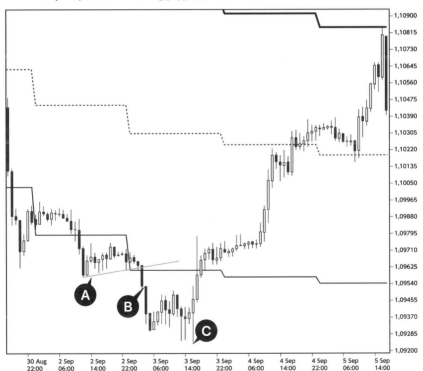

A.30　Eのあたり。

ユーロ／米ドル　1時間足チャート

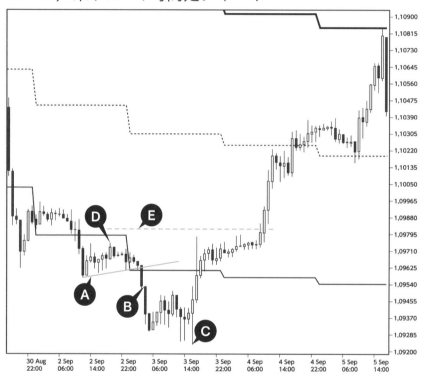

解　説

　Dの高値の少し上であるEあたり（1.09815ドル）がロスカットのポイントになります。このあたりで答えていれば正解です。

　エントリー後、含み益が約30pips出たので、建値まで戻ったタイミングで残りを決済してもよかったでしょう。

Chapter
9

MTF200MA 反転手法

1時間足の200SMA・200EMAを使った手法

200SMA・200EMAとは？

Chapter9では、別な手法を1つ紹介します。

1時間足の200SMA・200EMAを使った手法です。

トレード戦略はChapter3で紹介した手法とほぼ同じです。日足でトレンドが発生している状況で押しや戻りを待ち、元のトレンドに戻る兆しを捉えてエントリーします。

日足でトレンドが発生している状況は、日足のボリンジャーバンドで見極めます。

Chapter3で紹介した手法と違うのは、「切り下げラインや切り上げラインを使わない」ということです。

代わりに、「1時間足の200SMA・200EMA」を使います。

レートは移動平均線の近辺で反転することがよくあります。

たとえば、以下のような値動きです。

- **下落してきたレートが移動平均線の近辺で反発する**
- **上昇してきたレートが移動平均線の近辺で反落する**

もちろん、どのような移動平均線の近辺でも反転するというわけではありません。

多くのトレーダーが使っている移動平均線でなければ、レートは反応しません。多くのトレーダーが意識し、その移動平均線を手掛かりにトレードをしているからこそ、反応するわけです。

では、多くのトレーダーが使っているのは、どの移動平均線なのでしょうか。

どの期間の移動平均線なのでしょうか。

　これは、ネット上で探したり、実際に自分でさまざまな期間の移動平均線を使ってみて、見つけます。使ってみて反応することが多ければ、多くのトレーダーが使っていると判断してよいでしょう。

　多くのトレーダーが使っている移動平均線はいくつかあるのですが、その1つが「単純移動平均線 期間200（200SMA）」、もう1つが「指数平滑移動平均線 期間200（200EMA）」です。

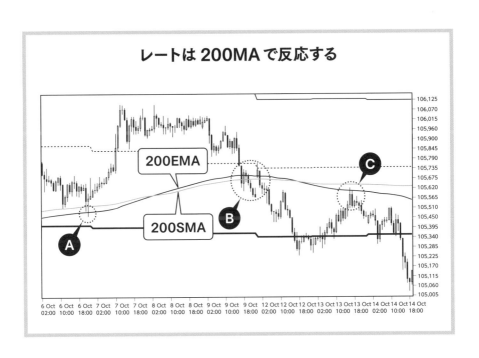

私がトレードで使っている日足、4時間足、1時間足、5分足では、反応することが多いです。

　では、実際のチャートで見てみましょう。

　151ページのチャートはポンド／円の1時間足チャートです。2本の曲線が期間200の単純移動平均線と指数平滑移動平均線です。

　Aのところでレートが反発しています。Bのところでレートが反落しています。また、Cのところでは移動平均線を抜けていますが、一旦、移動平均線のあたりで止まっています。反応していると捉えてよいでしょう。

　レートがピタリではありませんが、概ね移動平均線のあたりで反応しています。

　このように、期間200の単純移動平均線と指数平滑移動平均線で反応することが多いのです。

　もちろん、「移動平均線の近辺で必ず反転する」というわけではないので、「反転して、元のトレンドに戻る兆しがあったときだけ」狙うようにします。

9-2

チャートの設定について

チャートに200SMAと200EMAを表示させる

では、200SMA・200EMAを使った手法のチャート設定について説明します。

使うチャートは、MT4の1時間足チャートです。

Chapter3〜6の手法で使ったチャートをそのまま用意してください。「MT-FBans」の設定もそのままです。

それに、「Moving Average」のインジケーターを使って、移動平均線を2本加えます。移動平均線を表示させるインジケーターです。ダウンロードしなくても、MT4に入っています。

「Moving Average」の設定は以下のとおりです。

● **200SMAの設定**
- 期間 ·························· 200
- 表示移動 ····················· 0
- 移動平均線の種類 ······· Simple
- 適用価格 ····················· Close

● **200EMAの設定**
- 期間 ·························· 200
- 表示移動 ····················· 0
- 移動平均線の種類 ······· Exponential
- 適用価格 ····················· Close

「移動平均線の種類」が違うだけです。200SMAは「Simple」で、200EMA

は「Exponential」です。

　一応、色分けをしておいたほうがいいでしょう。

　下のチャートは200SMAと200EMAを表示させたものです。曲線が200SMA
と200EMAです。

　Chapter3の手法で使ったチャートに「Moving Average」を表示させるだけ
なので、簡単にできると思います。

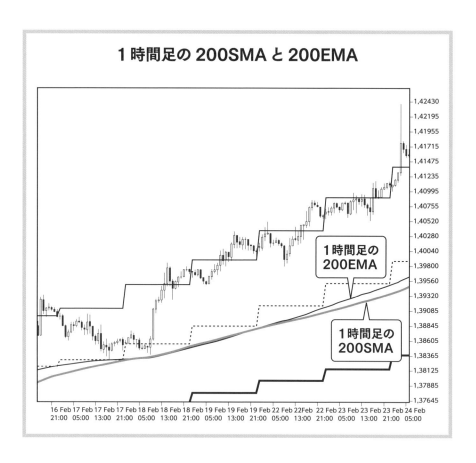

9-3

200SMA・200EMA 近辺での反転で
元のトレンドに戻る兆しを捉える

200SMA・200EMA での反転が重要

　反転して、元のトレンドに戻る兆しがあったときだけ狙うわけですが、では、どのようにして、この「兆し」を捉えればよいのでしょうか。

　Chapter3で紹介した手法では、切り下げラインや切り上げラインを使って、そこからの「抜け」を兆しとして捉えました。

　200SMA・200EMAを使った手法では、「200SMA・200EMA近辺での反転」を兆しとして捉えます。

下落してきたレートが200SMA・200EMA近辺で反発

下落してきたレートが200SMA・200EMA近辺で反落

　初心者の方は、次ページの図を見て、理解しておいてください。

「200SMA・200EMA近辺での反転」にはいくつかパターンがあります。

- ● 200SMA・200EMA 近辺での反発
  - ・下ヒゲをつけて反発
  - ・陰線と陽線の組み合わせで反発
  - ・Ｖ字で反発

- ● 200SMA・200EMA 近辺での反落
  - ・上ヒゲをつけて反落
  - ・陽線と陰線の組み合わせで反落
  - ・逆Ｖ字で反落

　いずれにしろ、ローソク足、またはローソク足の組み合わせから、「下落か

ら反発」「上昇から反落」を確認できればいいわけです。

「200SMA・200EMAのところピタリ」でなくてもかまいません。200SMA
か200EMAのあたりであればいいです。

　重要なのは以下のことです。

- 200SMAか200EMAのどちらかが意識されているか
- 200SMAか200EMAのどちらかでレートが反応しているか

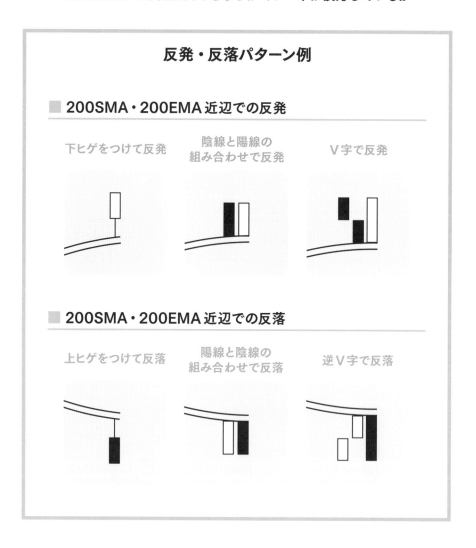

反発・反落パターン例

■ 200SMA・200EMA 近辺での反発

下ヒゲをつけて反発　　陰線と陽線の　　　Ｖ字で反発
　　　　　　　　　　　組み合わせで反発

■ 200SMA・200EMA 近辺での反落

上ヒゲをつけて反落　　陽線と陰線の　　　逆Ｖ字で反落
　　　　　　　　　　　組み合わせで反落

9-4

リスクが大きくないときだけエントリーする

小さいリスクでトレンドに乗る

　Chapter 9で紹介する手法では、もう1つだけエントリーの条件を加えたいと思います。

　これは、切り上げライン・切り下げラインを使う手法に比べると、勝率が少し低く、また、エントリーのタイミングが多いので、絞り込もうというわけです。

「リスクが大きくないときだけエントリーする」

　まずは、「取るリスク」について説明しましょう。

　ロスカットのポイントは125ページで説明したとおりです。

- ●**ロングのポジションを持っている場合**
　……レートが直近の安値を下に抜けたとき
- ●**ショートのポジションを持っている場合**
　……レートが直近の高値を上に抜けたとき

200SMA・200EMAの手法では、以下のようになります。

- ●**ロングのポジションを持っている場合**
　…… 200SMA・200EMAで反発したローソク足の安値を下に抜けたとき
- ●**ショートのポジションを持っている場合**
　…… 200SMA・200EMAで反落したローソク足の高値を上に抜けたとき

ここまでの値幅が「取るリスク」になるわけです。

　このリスクが大きくないときだけエントリーします。

　どのくらいまでが大きくなくて、どのくらいからが大きいかは、人によって異なると思います。「リスクが大きい」と感じたら、エントリーしない。なるべく、リスクが小さいときにエントリーしましょう。

リスクが大きくないときだけエントリーすることで、少し勝率が低くても、トータルで利益が出やすくなります。

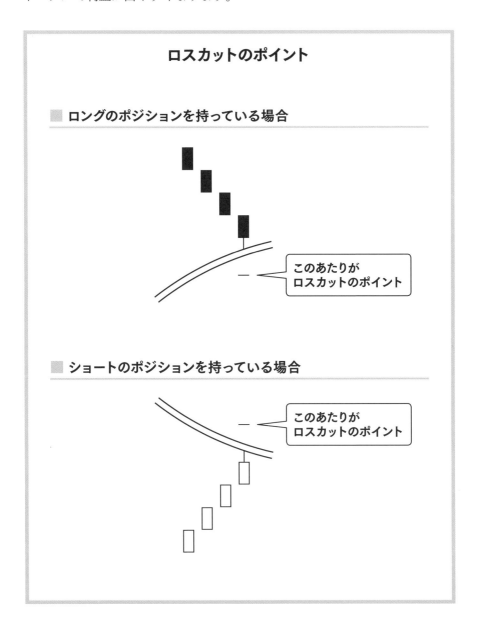

9-5

トレード戦略

■ トレード戦略をよく理解しておく

「200SMA・200EMA近辺での反転パターン」とロスカットのポイントについては、理解できたでしょうか。

「200SMA・200EMA近辺での反転パターン」については、数多くのチャートを見て、形で覚えないと、なかなか難しいかもしれません。

　実戦に入る前に、なるべく多くのチャートを見て、「どういった形が反発・反落しやすいのか」を検証してください。

　　●トレード戦略
　　①日足のトレンドに乗る
　　②日足のトレンドはボリンジャーバンドで見極める
　　③エントリーは「押し」や「戻り」から日足のトレンドに戻るタイミングを狙う
　　④1時間チャートを使って、「日足のトレンドに戻る兆し」を捉える
　　⑤「日足のトレンドに戻る兆し」は、「1時間足200SMA・200EMA近辺での反転」で見極める
　　⑥リスクが大きくないときだけエントリーする

　①〜④までは、Chapter3で紹介した手法と同じ。違うのは⑤と⑥です。

200SMA・200EMAでの反転狙い手法
ロング・エントリーの条件 まとめ

ロング・エントリーの条件は4つ

では、「200SMA・200EMAでの反転狙い手法」ロング・エントリーの条件をまとめます。

ロングは以下の条件をすべてクリアしたら、エントリーします。

> 条件1 …… 1時間足のローソク足が、日足のボリンジャーバンドの+2σを上抜けする
>
> 条件2 …… 1時間足のローソク足が、1時間足の200SMAか200EMAあたりまで下落する
>
> 条件3 …… 1時間足のローソク足が反発する
>
> 条件4 …… エントリーポイントからロスカットポイントまでの値幅が広くない（取れるリスクである）

条件1では、「上昇の勢い」を見極めます。日足のボリンジャーバンドの+2σに上抜けすれば、「上昇が強い」と捉えることができます。

条件2では、42ページで解説した「押し」を見極めます。

1時間足の200SMA・200EMAあたりまで下落すれば、「適度な押し」と捉えることができます。

条件3では、155〜156ページで解説したパターンで反発を見極めます。

条件4では、リスクを見極めます。「取れるリスク」かどうかということです。「このリスクなら取れる」「リスクが大きくない」と判断したら、条件をクリアしたことになります。

4つ条件をすべてクリアしたら、次の1時間足の始値でロング・エントリーします。

9-7

200SMA・200EMAでの反転狙い手法 ショート・エントリーの条件 まとめ

ショート・エントリーの条件は4つ

次は、「200SMA・200EMAでの反転狙い手法」ショート・エントリーの条件をまとめます。

ショートは以下の条件をすべてクリアしたら、エントリーします。

条件1 …… **1時間足のローソク足が、日足のボリンジャーバンドの−2σを下抜けする**

条件2 …… **1時間足のローソク足が、1時間足の200SMA・200EMAあたりまで上昇する**

条件3 …… **1時間足のローソク足が反落する**

条件4 …… **エントリーポイントからロスカットポイントまでの値幅が広くない（取れるリスクである）**

条件1では、「下落の勢い」を見極めます。日足のボリンジャーバンドの−2σに下抜けすれば、「下落が強い」と捉えることができます。

条件2では、42ページで解説した「戻り」を見極めます。

1時間足の200SMA・200EMAまで上昇すれば、「適度な戻り」と捉えることができます。

条件3では、155〜156ページで解説したパターンで反落を見極めます。

条件4では、リスクを見極めます。「取れるリスク」かどうかということです。「このリスクなら取れる」「リスクが大きくない」と判断したら、条件をクリアしたことになります。

4つ条件をすべてクリアしたら、次の1時間足の始値でショート・エントリーします。

【実例解説】

ロング・エントリー
ポンド／米ドル 1時間足チャート

ロング・エントリーの条件を実際のチャートで理解する

では、ロング・エントリーについて、実例を使って説明します。

下のチャートは、ポンド／米ドルの1時間足チャートです。

ロング・エントリーの実例

　まず、Aのところを見てください。レートが日足のボリンジャーバンド
＋2σを上抜けしています。これで、「条件1」をクリアしました。

　次に、Bのところを見てください。レートが1時間足の200SMA・200EMA
あたりまで下落ています。これで、「条件2」をクリアしました。

　Cのところで、ローソク足が長い下ヒゲで反発しました。「条件3」をクリ
ア。

　最後に、エントリーポイントからロスカットポイントであるDまでの値幅
が広くないので、「条件4」をクリア。

　これで、4つの条件をすべてクリアしました。次のローソク足の始値であ
るEでロング・エントリーします。

　　●建値（ロング）……… 1.38455ドル

　その後、レートは1.424ドルまで上昇しました。

　Cのところで、ヒゲの先（安値）がちょうど200SMAのところでした。
200SMAが意識されていたことがよくわかります。

ショート・エントリー
米ドル／円

■ ショート・エントリーの条件を実際のチャートで理解する

次は、ショート・エントリーについて、実例を使って説明します。
次ページのチャートは、米ドル／円の1時間足チャートです。

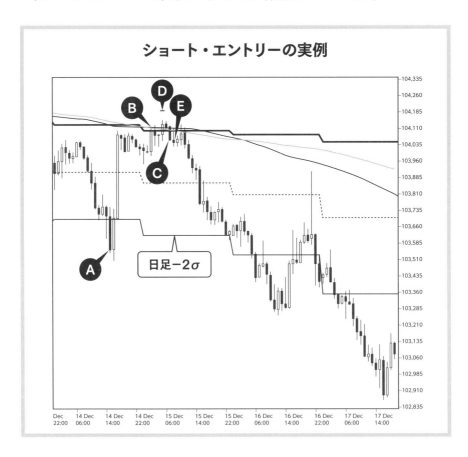

ショート・エントリーの実例

　まず、Aのところを見てください。レートが日足のボリンジャーバンド
－2σを下抜けしています。これで、「条件1」をクリアしました。

　次に、Bのところを見てください。レートが1時間足の200SMA・200EMA
あたりまで上昇ています。これで、「条件2」をクリアしました。

　Cのところで、ローソク足で逆V字になって反落しました。「条件3」をク
リア。

　最後に、エントリーポイントからロスカットポイントであるDまでの値幅
が広くないので、「条件4」をクリア。

　これで、4つの条件をすべてクリアしました。次のローソク足の始値であ
るEでショート・エントリーします。

　　●建値（ショート）……… 104.056円

　その後、レートは102.868円まで下落しました。

9-10 【実例解説】

ロング・エントリーのロスカットタイミング
ポンド／円

ロスカットのポイントをチャートで理解する

次は、ロスカットのタイミングについて、実例を使って説明します。
下のチャートは、ポンド／円の1時間足チャートです。

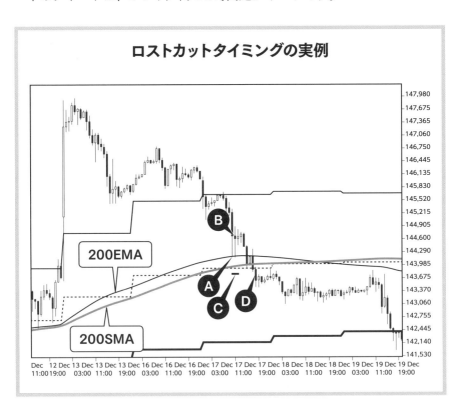

ロストカットタイミングの実例

　Aのところを見てください。200EMAのところで長めの下ひげが出ています。反発の兆しと捉えてよいでしょう。

　Bのところがロング・エントリーのタイミングです。

　　●建値 …… 144.677円

　ロスカットのポイントは、「200MAで反発したところの安値」が目安になります。この例ではCの安値です。

　ここを目安にして、ここから少し下の位置をロスカットのポイントにします。Dのあたりです。

　　●ロスカットのポイント …… 143.766円

　エントリー後、レートはほとんど上がることなく下落。Dのところでロスカットになりました。

Chapter
10

リスクを抑えた
スイングトレードのスキル
が身につく10問

Chapter 10の演習問題について

200MAを使ったエントリーパターンをマスターしよう！

　Chapter 10でも演習問題を解いていただきます。

　Chapter 9で紹介した200SMA・200EMAを使ったエントリーパターンについての問題です

　エントリーについての問題は、すでにChapter 4〜6までで解いているので、大丈夫でしょう。

　まずはチャート時系列で見ていきましょう。

　そして、レートが日足のボリンジャーバンドの＋2σや−2σを抜けたところを見つけます。

　その後、さらに時系列で見ていき、200MAのあたりでローソク足がどのような形になったのかを見極めましょう。

　切り上げライン・切り下げラインを使ったエントリーパターンでは、ラインを抜けた後がエントリーの最終条件になるので、抜けたかどうかがわかれば、エントリーのポイントもわかるようになっています。

　しかし、200SMA・200EMAを使ったエントリーパターンでは、ローソク足の形がエントリーの最終条件になるので、やや難しいといえます。

　実際のトレードでは、ローソク足の形を見て「反転の兆し」かどうか、なかなかわからないことも多いと思います。

　そのため、演習問題でどのような形になれば反転の兆しなのか、しっかりとマスターしてください。

Q.31

下のチャートは、ポンド／米ドルの1時間足チャートです。
ショートのエントリーポイントはどこでしょうか。

 ヒント　200SMA・200EMAのあたりをよく見てみましょう。

ポンド／米ドル　1時間足チャート

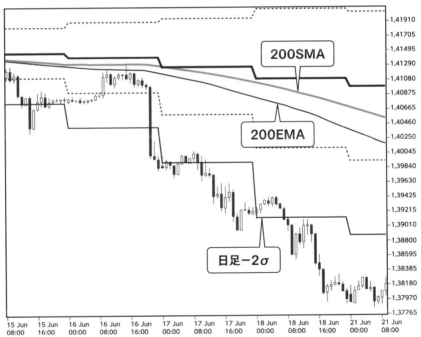

A.31 Dのところ。

ポンド／米ドル　1時間足チャート

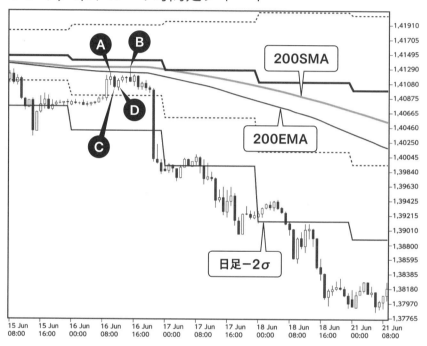

解説

　レートが4時間足の200SMAの近辺まで上昇しているところは、AとBの
ところです。時系列ではAのほうが先なので、こちらでエントリーします。
　Cのところでローソク足が逆V字の形になって反落しているので、次のロー
ソク足の始値であるDでショート・エントリーします。

Q.32

下のチャートは、豪ドル／円の１時間足チャートです。
ショートのエントリーポイントはどこでしょうか。

ヒント　反落の兆しはどこなのか、をよく考えてみてください。

豪ドル／円　１時間足チャート

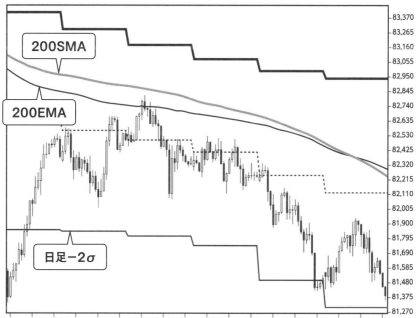

A.32　Cのところ。

豪ドル／円　1時間足チャート

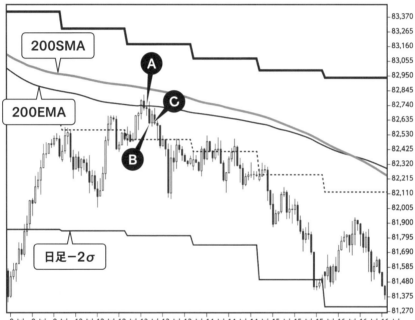

　Aの陰線を「反落の兆し」と捉えることができます。ただ、少し弱いような気がします。

　Bのローソク足で「複数のローソク足による逆V字形成」で、次の始値であるCが、ショート・エントリーのポイントになります。

Q.33

200SMAと200EMAまで下落して、Aのローソク足で下ヒゲが出ました。
次の足の始値でロング・エントリーできるでしょうか。

ヒント　200SMA・200EMAが意識されているかどうか、を考えてみましょう。

ポンド／米ドル　1時間足チャート

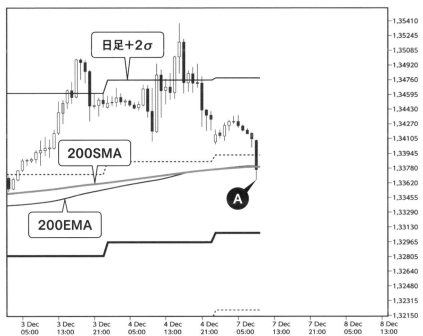

A.33 （ロング・エントリー）できない。

ポンド／米ドル　1時間足チャート

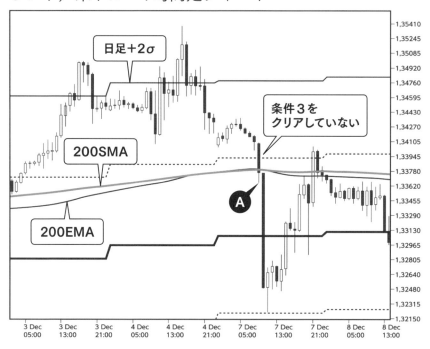

日足＋2σ

200SMA

200EMA

条件3を
クリアしていない

A

解説

　レートが200SMAと200EMAまで下落して、Aのローソク足で下ヒゲが出ました。

　しかし、下ヒゲの安値のところは200SMAと200EMAがないところです。

　また、Aのローソク足の終値は200SMAと200EMAの下です。

「200SMAと200EMAが意識された」といはいえません。

　Aのローソク足だけでは「条件3」をクリアしたことになりません。

　よって、エントリーできません。

Q.34 下のチャートは、ポンド／円の1時間足チャートです。ロングのエントリーポイントはどこでしょうか。

 ヒント　200SMA・200EMAのあたりをよく見てみましょう。

ポンド／円　1時間足チャート

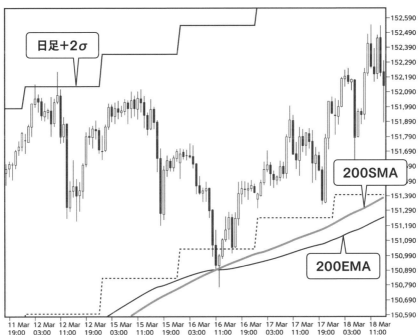

A.34 Cのところ。

ポンド／円　1時間足チャート

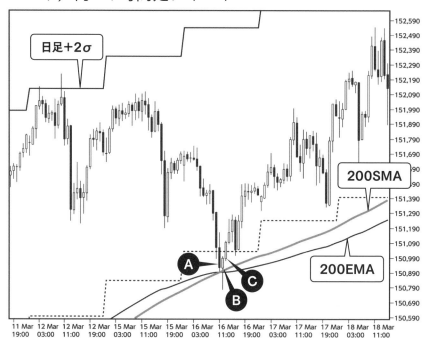

　まず、Aのローソク足の安値が200SMAと200EMAのクロスしたところに
タッチしています。意識されたといえます。

　しかし、このローソク足だけでは「条件3」をクリアしたといえません。

　次に、Bのローソク足を見てください。下ヒゲは200MAの下で、実体は
200MAの上になっています。「200MAを意識して反発した」と捉えることが
できます。「条件3」をクリア。Cでロング・エントリーします。

178

Q.35 下のチャートは、ポンド／米ドルの1時間足チャートです。ロングのエントリーポイントはどこでしょうか。

 200SMA・200EMAのあたりをよく見てみましょう。

ポンド／米ドル　1時間足チャート

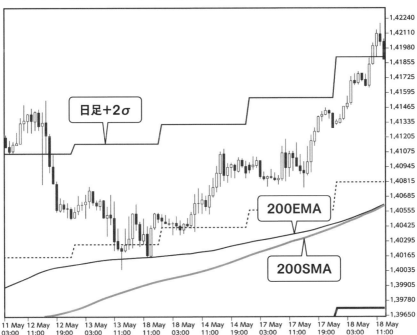

A.35 Dのところ。

ポンド／米ドル　1時間足チャート

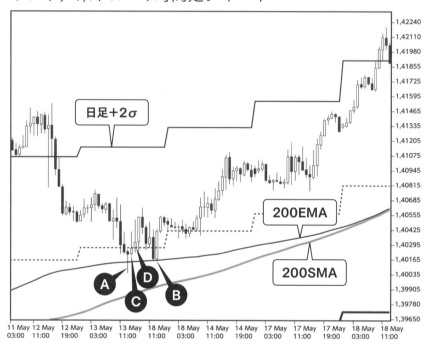

日足+2σ

200EMA

200SMA

A B C D

| 11 May 03:00 | 12 May 11:00 | 12 May 19:00 | 13 May 03:00 | 13 May 11:00 | 18 May 11:00 | 18 May 03:00 | 14 May 11:00 | 14 May 19:00 | 17 May 03:00 | 17 May 11:00 | 17 May 19:00 | 18 May 03:00 | 18 May 11:00 |

解 説

　レートが1時間足の200SMAの近辺まで下落しているところは、AとBの
ところです。時系列ではAが先なので、Aで「条件2」をクリアしたことに
なります。そして、Cのローソク足が陽線になって反発しているので、次の
ローソク足の始値であるDでロング・エントリーします。

Q.36　下のチャートは、ポンド／米ドルの1時間足チャートです。ロングのエントリーポイントはどこでしょうか。

ヒント　200SMA・200EMAのあたりをよく見てみましょう。

ポンド／米ドル　1時間足チャート

A.36 Bのところ。

ポンド／米ドル　1時間足チャート

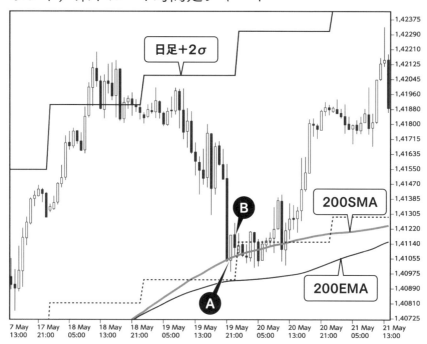

日足＋2σ

200SMA

200EMA

B

A

解説

　ローソク足数本が200SMAと重なっています。

　時系列ではAのローソク足で「条件2」をクリアしたことになります。

　Aのローソク足が陽線になって反発しているので、次のローソク足の始値であるBでロング・エントリーします。

Q.37　下のチャートは、ポンド／円の１時間足チャートです。ロングのエントリーポイントはどこでしょうか。

ヒント　反発の兆しをよく考えてみてください。

ポンド／円　１時間足チャート

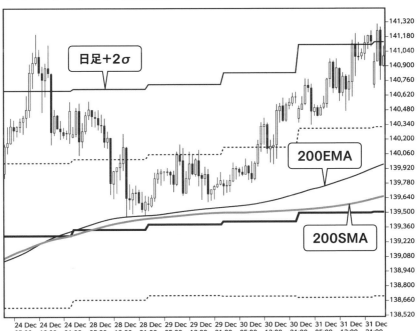

A.37 Bのところ。

ポンド／円　1時間足チャート

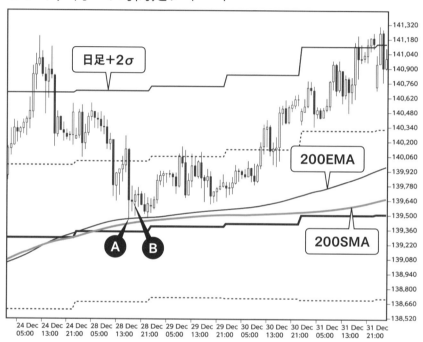

解説

　Aのローソク足を見てください。下ヒゲの安値が200EMAのところで止まっています。その後、少し長い下ヒゲになっているので、これを「反発の兆し」と捉えてBでエントリーします。

Q.38

レートが200SMAと200EMAまで下落して、Aの
ローソク足で反発しました。
Bの始値でロング・エントリーできるでしょうか。

ヒント　エントリーの条件をよく思い出してみましょう。

ポンド／円　1時間足チャート

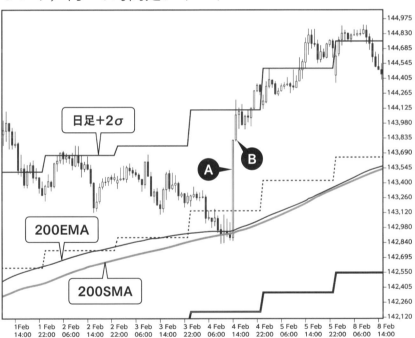

A.38 （ロング・エントリー）できない。

ポンド／円　1時間足チャート

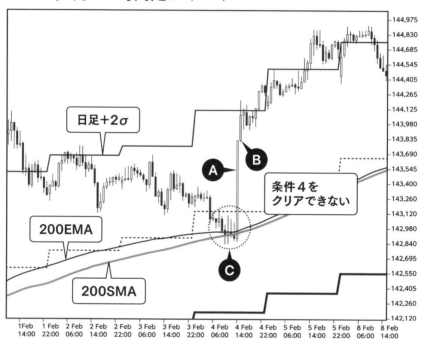

日足+2σ

条件4を
クリアできない

200EMA

200SMA

B

A

C

1Feb 14:00 / 1 Feb 22:00 / 2 Feb 06:00 / 2 Feb 14:00 / 2 Feb 22:00 / 3 Feb 06:00 / 3 Feb 14:00 / 3 Feb 22:00 / 4 Feb 06:00 / 4 Feb 14:00 / 4 Feb 22:00 / 5 Feb 06:00 / 5 Feb 14:00 / 5 Feb 22:00 / 8 Feb 06:00 / 8 Feb 14:00

144,975
144,830
144,685
144,545
144,405
144,265
144,125
143,980
143,835
143,690
143,545
143,400
143,260
143,120
142,980
142,840
142,695
142,550
142,405
142,260
142,120

解 説

　レートが200SMAと200EMAまで下落して、Cのところでかなり反応して
いますが、「反発の兆し」がありません。

　その後、Aのローソク足で強く反発しました。これで「条件3」までをクリア。

　しかし、エントリーポイントからロスカットポイントまでの値幅が大きい
ので、取るリスクが大きくなってしまいます。約110pipsのリスクを取るこ
とになります。「条件4」をクリアできません。よって、エントリーできませ
ん。

Q.39 下のチャートは、ポンド／円の１時間足チャートです。ロングのエントリーポイントはどこでしょうか。

ヒント　反発の兆しはどこなのか、をよく考えてみてください。

ポンド／円　１時間足チャート

A.39 Bのところ。

ポンド／円　1時間足チャート

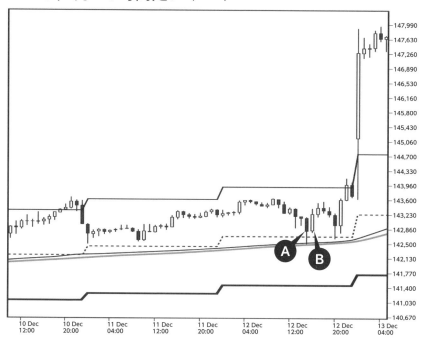

解 説

　Aのローソク足の安値が200SMAのところで止まっています。少し長い下ヒゲになっているので、これを「反発の兆し」と捉えてBでエントリーします。

Q.40

下のチャートは、豪ドル／円の1時間足チャートです。
Aのところでショート・エントリーしました。
ロスカットのポイントはどのあたりでしょうか。

ヒント　ショートのロスカットポイントは高値の少し上です。

豪ドル／円　1時間足チャート

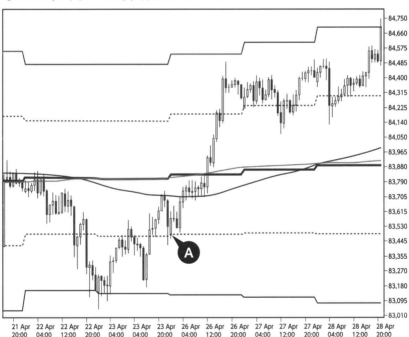

A.40 Bのあたり。

豪ドル／円　1時間足チャート

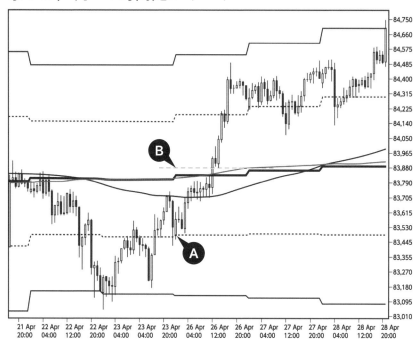

解説

　ショートのロスカットポイントは、200MAで反落したところの高値の少し上です。

　このチャートではBのあたりです。このあたりで答えていれば正解です。

おわりに

　本書ではFXスイングトレードのエントリーパターンを2つ紹介しました。

　実例解説とたくさんの演習問題があったので、マスターできたことと思います。

　FXにかぎらずトレードは、知識だけでは継続して利益を出すことができません。「知識＋技術」で初めて継続して利益を出すことができるわけです。

　多くの人がFXでお金を失ってしまうのは、トレードの技術が身についていないのに大きな取引をするからです。

　逆にトレードの技術があれば、私のように免許なし、資格なし、他人に誇れるような学歴もなし、これといった特技なしで大きく稼ぐことができます。

　私自身、トレード以外は何をやってもうまくいきませんでした。変わり者のせいか、どの職場にいっても馴染めず、浮いてしまう。そして、いづらくなってやめてしまう。この繰り返し。

「自分の人生はもうダメかな」と思ったのですが、トレードを始め、技術を身につけたことで稼げるようになり、人生が好転しました。

　今は、大好きなトレードで楽しみながら稼いでいます。一度きりの人生を楽しんでいます。

　読者の方もトレードで大きく稼いで、そのお金でいろいろな経験をし、一度きりの人生を楽しんでみてください。

　さて、最後になりましたが、皆さんのご健闘を祈っております。

二階堂重人

著者紹介

二階堂重人 （にかいどう・しげと）

専業トレーダー。テクニカル分析を駆使したデイトレードやスイングトレードが中心。株、ＦＸの双方で月間ベースでは８割以上という驚異の勝率を叩き出し、波乱の相場環境でも着実に利益を重ねている。著者累計96万部。常勝トレーダーとして、50冊以上の著書がある。主な著書に、『世界一わかりやすい！ＦＸチャート実践帳 スキャルピング編』『世界一わかりやすい！ＦＸチャート実践帳 トレンドライン編』（あさ出版）、『一晩寝かせてしっかり儲けるオーバーナイト投資術』（東洋経済新報社）、『最新版 これから始める株デイトレード』（日本文芸社）、『株ブレイクトレード投資術 初心者でも1億円！相場に乗って一財産築く、大勝ちの法則』（徳間書店）、『最新版 株デイトレードで毎日を給料日にする！』『ＦＸ常勝の平均足トレード』『ＦＸ常勝の平均足ブレイクトレード』『ＦＸ環境認識トレードで毎日を給料日にする！』（すばる舎）などがある。

【公式サイト】
https:// 二階堂重人 .com/
【ツイッター】
@shigeto_nikaido

世界一わかりやすい！
ＦＸチャート実践帳 スイングトレード編　　〈検印省略〉

2021年 10 月 26 日　第 1 刷発行

著　者——二階堂 重人（にかいどう・しげと）
発行者——佐藤 和夫
発行所——株式会社あさ出版
〒171-0022 東京都豊島区南池袋 2-9-9 第一池袋ホワイトビル 6F
電　話　03（3983）3225（販売）
　　　　03（3983）3227（編集）
ＦＡＸ　03（3983）3226
ＵＲＬ　http://www.asa21.com/
E-mail　info@asa21.com
印刷・製本　神谷印刷（株）

note 　　 http://note.com/asapublishing/
facebook 　http://www.facebook.com/asapublishing
twitter 　　http://twitter.com/asapublishing